JN226661

サイクルツーリズムの進め方

自転車でつくる豊かな地域

藤本 芳一
+
輪の国びわ湖推進協議会
著

学芸出版社

はじめに

　あなたはサイクルツーリズムと聞いて何を連想するだろう。しまなみ海道をゆったり走るレンタサイクルの人たち。地元の名物を楽しむグルメツアー。多くの人が参加するサイクリング大会。サイクルレースの観戦。サイクルジャージに身を包んだサイクリスト、はたまた……？　一口にサイクルツーリズムといっても、そのスタイルは実に多様だ。

　本書は日本のサイクルツーリズムの聖地の一つ、「ビワイチ（琵琶湖一周サイクリング）」の滋賀県で活動する民間の自転車まちづくり団体「輪の国びわ湖推進協議会」が制作した。2009（平成 21）年の設立から 10 年の間に、自主事業として、また行政と協働しながら行ってきたビワイチ推進と自転車の楽しみ方の提案、自転車の利用しやすい環境づくりの経験や、その過程で学んだ他団体や他地域の活動をもとに、サイクルツーリズム推進に参考になるノウハウと事例をまとめている。

　一通り読めば、サイクルツーリズムの始め方から、より大きな影響力を持つ活動への育て方、さらには、人々がいきいきと暮らせる元気なまちに地域を変えていくまでの道筋を知ることができるよう編んでいる。

　これまでの経験から私たちは、サイクルツーリズムは、人を変え、地域を変え、暮らして楽しいまちを実現するための有効なツールであると確信している。

　日本は今、空前のサイクルツーリズム・ブームだ。この流れに乗り、自転車利用者を増やして安全で健康的なまちづくりを進め、その土地に脈々と受け継がれた自然・歴史・文化の生きた幸福度の高い地域を、あなたの地元で実現しよう。

2019 年 9 月 1 日　著者一同

もくじ

＊本文中で「用語○」（○は番号）の表記がある語は、「サイクルツーリズムの基礎用語」（p.204、205）で解説している。「※○」の記号は、「参考文献」（p.206）に掲載している。文中に対応する番号がないときは、その節やコラムの参考文献である。

＊本書の記述は特に断りのない限り2019（令和元）年8月現在のものである。

序章 サイクルツーリズムが なぜ注目されるのか？

(1) 世界で注目されるサイクルツーリズム

　地域振興の手段として、自転車を使った観光・サイクルツーリズムが注目を集めている。日本でのサイクルツーリズム最先進地と言われ、本州から四国まで島伝いにいくつもの橋を渡って自転車で走破できるしまなみ海道は、2014（平成26）年にニュースチャンネルCNNの「世界でもっとも素晴らしい7大サイクリングルート」のひとつに選ばれた。日本国内に留まらず、アジア各国を始め欧米からも多くのサイクリストを集め、2017（平成29）年度のサイクリング者数推計値は36万人にもなった。

　輪の国びわ湖推進協議会の活動拠点である滋賀県でも、2015（平成27）年頃から県が琵琶湖一周サイクリング（ビワイチ）の環境整備とPRに力を入れるようになり、2018（平成30）年は猛暑と台風が連続して襲来したためやや伸び率は鈍ったものの、琵琶湖一周者数は左図のとおり順調に増加を続けている。琵琶湖一周以外も含めたサイクリング客は20万人以上になると推測される。

琵琶湖一周者数の推移
（出典：滋賀県公式発表値より）

　海外に目を向けると、台湾では、世界最大のスポーツバイクメーカー、

ジャイアントの創業者、劉金標（リウジンビャオ）（英語名：キング・リュー・当時ジャイアント社会長）氏が2007（平成19）年に73歳で台湾一周約900 kmを成し遂げたことで自転車ブームが涌き起こり、さらに劉氏自らが台湾の自転車利用環境整備を積極的に推し進め、4000 kmを超える自転車道が整備された※1。全長900 km以上に及ぶ台湾一周サイクリングコースが人気を集め、年間延べ3万人以上が一周をするまでになっている。また、台湾から日本にも多くのサイクリストが訪れている。

　近年、環境問題や医療費の増加に対処するため、環境と健康によい交通手段として自転車が見直され、日本だけでなく多くの国々でサイクリングや日常生活での自転車利用環境の整備が行われているが、サイクルツーリズムの本場はやはりヨーロッパである。100年以上の伝統があるツール・ド・フランスを始めとする自転車競技が盛んなヨーロッパでは、レジャーとしてのサイクリングも昔から人気で、ユーロ・ヴェロ（EuroVelo・口絵28 p.23）と呼ばれるヨーロッパ全土に渡る6万kmのサイクリングルートの整備が計画され、すでに2万kmの整備が完了している。

(2) サイクルツーリズムの利点

　日本では、以前から駅やその周辺にレンタサイクルを用意し、シティサイクル（いわゆる「ママチャリ」）を用いて観光地をめぐってもらっていた。徒歩で回るには広すぎる数kmの範囲に観光スポットが点在する場所で、それらを回るための手段として自転車を提供してきた。しかし今日言われるサイクルツーリズムは、長距離走行に適した比較的高価なロードバイクやクロスバイク、マウンテンバイクなどのスポーツバイクや、電動アシスト自転車を使用し、そのコースの趣旨によるが、走行距離も十数キロから数百キロに及ぶ。自転車で走ること自体が目的のひとつであり、走りながら地域の自然や歴史、文化を味わうということに特徴がある。

　自転車は、クルマや列車、バスなどと違い、身体のまわりに360°さえぎるものがなく、暑さ寒さや風なども含めてその土地の空気を直接感じられる。長距離を走るにはそれなりの苦労があり、上り坂や向かい風に苦しむことも多い。

だからこそ、苦労して目的地に着いたときの感動はひとしおであり、景色の美しさも何倍にも感じられる。途中に気になる店やスポットがあれば気軽に立ち寄ることができる。その土地に住む人と同じ目線でその地域を見ることができ、自転車で旅する人には地域の人も声をかけやすく自然と交流も生まれる。その結果、地域をより深く知ることができるようになるため、地域のファンやリピーターを増やせる。

　従来の旅の形態は、観光スポットや店、宿泊地などを順にめぐる「点の旅」が主流だが、自転車ではその移動の空間をつないだ「線の旅」を楽しむことができる。大規模な観光施設を造って集客することはこれまでよく行われてきたが、そこには大きな投資が必要である。「線の旅」は、地域にすでに存在する自然や歴史、文化、そしてそこに暮らす人々が観光資源となる。

　美しい景色や昔ながらの古いまちなみの中を走ること、点在する歴史スポットをめぐっていくこと、地域の小さな集落に残る昔ながらの文化を味わったり、昔から続くその地域ならではの店を訪れ、地域の人との会話を楽しみ交流したりすることにもっとも楽しみを感じるようになる。一つひとつのスポットは小さなものであっても、移動しながらそれらを集合体として味わうことで、地域全体がひとつのつながりとして強く印象に残る。これらの自然、歴史、文化などの資源は、日本中ほぼどこにでも存在するものである。そのため、他地域に先駆けて、地域の潜在的な資源を見直し、それほどお金をかけずに、しかし知恵を絞って昔からあるものをいかに見せていくかが重要になる。それは、「点」ではなく、「線」の視点から観光資源を見直すことでもある。

　たとえば琵琶湖一周サイクリングで一番印象に残った場所として多くの人が挙げる所に賤ヶ岳旧道からの景色がある（写真）。琵琶湖の北部、賤ヶ岳の合戦で有名な賤ヶ岳

賤ヶ岳旧道から見る奥琵琶湖の景色

の麓を国道8号線がトンネルで抜けている。琵琶湖一周サイクリングルートには、そのトンネルを避け、賤ヶ岳の中腹まで登る旧道が指定されている。山の中腹でクルマがほとんど通らない旧道のトンネルを抜けたところで目の前に奥琵琶湖の景色が広がる。しかし、そこには観光のための設備は何もなく、訪れるのはほぼサイクリストだけである。このように、自転車の目から見ると印象に残るスポットは既存の常識とかなり変わってくる。これまで気づいていなかった大きな観光資源が各地に生まれる可能性がある。本州から四国まで自転車で走れるしまなみ海道や琵琶湖一周ルート自体がその例と言っていいだろう。

　また、日本では全国津々浦々まで道が整備され、地方では交通量が少なく自然に囲まれたサイクリングに適した道が多く存在する。ただし、地方では人口減少のため各地の集落をつなぐライフラインと言える道を維持していくことが危ぶまれている。その道を積極的に資源として活かし、維持していく手段としてもサイクルツーリズムは役立つ。

　近年、海外から日本を訪れる観光客が増加し、それ自体は喜ばしいことだが、京都などでは有名観光地に人が集中しすぎることで観光客自身の満足度が低下し、その地域に住む人々の生活にも支障が出る観光公害（オーバーツーリズム）が問題になっている。それを解決する手段として観光客を時間的、空間的に分散させることが必要である。サイクルツーリズムは観光客を点から線に、さらにルートを増やしていくことで面に分散させることができる。

(3) 地域振興・環境・健康のため国が施策として推進

　現在、地域振興に留まらず、健康づくりに役立ち、環境に配慮した交通手段としても自転車は価値を見いだされてきている。

　クルマから自転車への転換でCO_2排出量が減り温暖化対策になり、渋滞を解消し交通事故も減らせる。また、自転車は自宅の前から気軽に始められる運動であり、足腰への負担が少ない割には消費カロリーが多く、メタボ対策としても有効である。適度な運動を行い、健康な人が増えることで、高齢化により増大する医療費や介護費の削減にも貢献すると言われている。

　以前、都会では放置自転車があふれ、歩行者の通行の邪魔になったり景観を

損ねたりするなど問題を起こしていた。車道を走るとクルマの走行の妨げになり、歩道では歩行者にとって危険であるなど、自転車に対してマイナスのイメージが先行していた。しかし近年では国や地方自治体も自転車利用の有用性を認識し、駐輪場や走行環境を整備し、自転車の利用促進を積極的に行うようになってきた。2017（平成29）年5月には自転車を活用することの理念を定め、国や自治体、事業者、国民に自転車の積極的活用を義務づける自転車活用推進法が施行された。そしてその内容を実現させるための具体的施策を定めた自転車活用推進計画※2が2018（平成30）年6月に閣議決定された。そこでは、「自転車の活用の推進に関する目標」として次の四つが定められている。

・目標1　自転車交通の役割拡大による良好な都市環境の形成
・目標2　サイクルスポーツの振興等による活力ある健康長寿社会の実現
・目標3　サイクルツーリズムの推進による観光立国の実現
・目標4　自転車事故のない安全で安心な社会の実現

サイクルツーリズムは「目標3」として同推進計画の四つの大きな柱のひとつとなっており、その中の指標のひとつとして、「先進的なサイクリング環境の整備を目指すモデルルートの数」を2017（平成29）年度の0から2020（令和2）年度に40ルートにすると定められている。また、「目標2 サイクルスポーツの振興等による活力ある健康長寿社会の実現」も、レジャーとしてサイクルスポーツを行ったり、観戦する人を増やすという意味で、広い意味でのサイクルツーリズムに含めることができる。そして、上記の施策を実現するために「国は、施策の実施に必要な財政上の措置等を講じる」と定められている。

さらに近年、観光立国の実現に向けて、「スポーツツーリズム」という概念が注目されている※3・4。スポーツ観戦のために現地まで出向いたり、各地へ出向いて自らスポーツを行い、楽しむ人を増やすことで、訪日外国人観光客の増加や、国民自身の国内観光の推進、そして活力ある長寿社会の実現などを目指すものである。2012（平成24）年に文部科学省が策定した「スポーツ基本計画」や、2017（平成29）年に観光庁が策定した「観光立国推進基本計画」においても各所でスポーツツーリズムの推進が謳われている。

スポーツにはサッカーや野球などのおもに「観る」スポーツと、ランニング、アウトドアスポーツなど自ら「する」スポーツがある。ツーリズムという観点

からはどちらも重要だが、健康な人を増やし、活力ある長寿社会を実現する手段としては「する」スポーツがさらに重要になってくる。「する」スポーツの中でもジョギング、ランニングと並んでサイクリング、トレッキング、登山などのアウトドアスポーツが現在人気である。さらにこれらのアウトドアスポーツは、緑が多く、自然豊かな日本の環境を活かす手段としても有効である。

(4) サイクルツーリズムが住みよい地域をつくる

　日本で自転車の有用性が認識され始めたばかりの 2002（平成 14）年、筆者は、ドイツやオランダでは自転車利用環境が整備されているということを聞き、これらの国に視察に行った。その中で一番印象に残ったことは、世界最強の自転車団体と呼ばれる ADFC（Allgemeiner Deutscher Fahrrad-Club：全ドイツ自転車クラブ・現在会員 18 万 5 千人）の当時ブレーメンにあった本部（現在はベルリンに移転）で聞いた話である。

　「日本で自転車が使いやすいまちをつくるために、私たち市民にできることは何でしょうか？」という私の質問に対する答えは、「今、ADFC が大切だと思ってるポイントは自転車ツアーだ」とのことだった。ここでいう「自転車ツアー」は、ガイド付きのツアーも含むが、自分たちだけで行くサイクリングも含まれる。当時まだその言葉はなかったが「サイクルツーリズム」と言い換えてもいいだろう。ADFC では、「自転車ツアー」推進のため、サイクリングマップの整備、ツアーの実施、自転車旅行の相談に乗るなどの活動を行っている。「自転車ツアーの推進は政治家からもよく受け入れられている。これは政治家たちも若いとき自転車で彼女とデートするなど楽しい経験をしたからだ」。そしてそれが自転車利用環境の整備につながっている。また、政治家だけでなく、一般の人も自転車ツアーを通じて自転車が好きになり、日常生活でも使う人が増加している。そのために、ドイツでは国を挙げてサイクルツーリズムの推進を行っているのである。

　では、日本でサイクルツーリズムを進めるために、何にどのような手順で取り組めばよいのだろうか。具体的な方策を紹介していこう。

スポーツバイクの基礎知識

● シティサイクルに比べて軽い

スピードを出して長距離を走れるように、車体は軽く作られており、クロスバイクで 13 kg 以下、ロードバイクはほぼ 10 kg 以下で、軽いものは 6 kg 台のものもある。ちょっとした階段を担ぎ上げるのもそれほど苦にならない。軽いものほど値段は上がる。なお、一般のシティサイクルは 18 〜 20 kg 程度ある。

● スタンド、泥除け等は 付いていない

スタンド、泥除け（フェンダー）、ライト、ベル、反射板は標準では付属していない。スタンドや泥除けは、少しでも軽くするために付けないことが多い。ライト、ベル、反射板もしくは尾灯は、道路交通法上必ず別途用意しなければならない。

※スポーツバイクに乗る際にはヘルメットは必須。自転車事故での死亡要因の 2/3 を頭部の損傷が占める。自転車用のヘルメットは軽く、風が通るように穴が多く空いているため、被っていても快適さを損なわない。

● 複数のサイズが用意されている

身体に合ったサイズのものに乗れるよう、同じ車種でも 3、4 種類のサイズが一般的に用意されている。

ロードバイク

変速機（リア）　　　変速機（フロント）
8 〜 11 段程度　　　変速機なし〜 3 段

● 変速機が付いている

走行速度に合わせてギア比を変え、効率的に走ることができる。また、上り坂も比較的楽に登れる。

● 荷物を運ぶことは考慮されていない

一部の車種を除いて、かごや荷台などは付属しておらず、荷物を運ぶのは苦手である。

● タイヤのバルブには3種類ある

タイヤに空気を入れる口、バルブには英（イギリス）式、仏（フランス）式、米（アメリカ）式の3種がある。

英式はシティサイクルと同じタイプ。

仏式はロードバイクやクロスバイクに幅広く使われる。これらの車種、特にタイヤの細いものは空気を高圧にする必要がある。仏式バルブは口にネジが付いており、それを締めることで空気の漏れを少なくしている。空気を入れる際には一旦ネジを緩める。

米式はクルマやオートバイのバルブと同じ構造でガソリンスタンドで空気を入れられる。マウンテンバイクによく使われる。

以上の3方式に対応した空気入れも市販されている。

● ロードバイクはペダルも別売りが多い

シューズとペダルを接続するビンディング用語1の機構を使うため、シューズに合わせたペダルを取り付ける必要があるためである。

本書での「サイクリスト」の定義

　「サイクリスト」は、サイクリングする人や自転車競技をする人を指す言葉であったが、近年は通勤等の日常利用も含めて自転車を積極的に使う人という意味で使われることが増えている。本書でも、それしか交通手段がないからではなく、積極的に自転車に乗り、楽しんでいる人という意味で使用している。

　一般に「サイクリスト」と言われてイメージするような、身体にぴったりフィットしたサイクルジャージを着てロードバイクにまたがり、レースに参加したり長距離を走ることを好む、いわゆる自転車マニアは本書では「上級サイクリスト」と記述する。また、自転車で旅を楽しむ人を「サイクルツーリスト」と表記する。

自転車の種類

● ロードバイク

　本来ロードレース（一般道路を使うレース）用の自転車だが、近年のブームでサイクリングに使う人も多い。舗装路をひたすら速く走ることを目的とし、路面との摩擦を減らすための細いタイヤ、長距離を走行する際に持つ場所を変えて姿勢を変えることで疲れを和らげることができるドロップハンドルを装備していることが特徴。

　高速で走れる反面、ゆっくり走るのには向いていない。タイヤが細いため段差がある所に高速で突っ込むとパンクや車輪の破損の原因になりやすい、路面の段差にタイヤを取られて転倒しやすい、など走行には気をつかう必要がある。また、足の力を有効に使うためと空気抵抗を減らすために前傾姿勢がきつく慣れが必要。フレームの素材には一般的に比較的低価格のものにはアルミが、高価なものにはカーボンが使用される。特にカーボンフレームは軽い反面、衝撃にはやや弱いので扱いには注意が必要だ。

● クロスバイク

　ロードバイクと、後述するマウンテンバイクの中間の車種。フラットバーと呼ばれるまっすぐなハンドルを装備し、タイヤの太さはロードバイク同様のものからシティサイクル程度のものまでバリエーションがある。前傾姿勢がきつくなく、タイヤがやや太めのものはロードバイクほど走行に気をつかう必要がないため初心者でも乗りやすい。そこそこの高速走行が可能で、街乗りから長距離のサイクリングまで幅広く使える。なお、「クロスバイク」というのは和製英語で、海外では「ハイブリッドバイク」、「トレッキングバイク」等さまざまな呼び名で呼ばれる。

● マウンテンバイク

　未舗装路（山道）を走るための自転車で、まっすぐなハンドルと太いフレーム、ブロックタイヤと呼ばれる太くゴツゴツしたタイヤが特徴。1980 年代後半に世界的に一大ブームを巻き起こした。現在はその人気はロードバイクに取って代わられているが根強いファンも多い。たいてい前輪、もしくは前後輪に衝撃吸収用のサスペンションを備えている。多少の段差はものともせず、ある程度手荒な扱いをしても問題ないように丈夫に作られているので、初心者にも向いている。舗装路を走る場合は、スリックタイヤと呼ばれる表面

の凹凸が少ない舗装路用のタイヤに替えると抵抗が少なくスムーズだ。

● 小径車（ミニベロ）

　20インチ程度の車輪を備えた車種で、折りたたみ自転車もこれに含まれる。車輪が小さい分、車輪を回転させ加速するのに必要な力が少なくて済み、こぎ出しが軽い。そのため加速・停止の多いまちなかでの走行に適している。おしゃれな見た目で女性にも人気がある。高級なものにはロードバイク並みの走行性能を備えたものもあるが、普通はあまりスピードが上がらないので長距離には向いていない。

● タンデム自転車

　2人乗り用自転車。サドルとペダルを2人分備え、前に乗る人がハンドルを操作する。ペダルは連動して動くため2人の息を合わせて操作する必要がある。視覚などに障害の

ある人でも健常者と共に乗ることで自転車を楽しめる、またカップルや親子など体力差があっても共にサイクリングを楽しめるという利点がある。日本では二人乗り扱いになり、条例で禁止されて走行できない都道府県が多かったが、障害者団体や自転車利用促進団体の働きかけにより、走行を解禁する府県が増え、2019（令和元）年8月現在24府県になっている。内閣府が定める「普通自転車」の制限サイズを超えるため歩道の通行はできないことに注意が必要。

● シティサイクル（軽快車）

　日本の一般自転車、いわゆる「ママチャリ」。海外には、日本から中古で輸出されているものを除いて存在しない日本独自の自転車。前かごが付き、荷物を運ぶのに便利だが、短い距離をゆっくり走ることに特化しており、車体もスポーツバイクに比べて重いものが多いため、長距離の走行には向かない。

● e-Bike

正確には電動アシスト付き自転車全般を指す言葉だが、一般的にスポーツタイプの電動アシスト付き自転車のことを言う。体力に自信がない人でも長距離や山道のサイクリングが楽しめる手段として近年注目を集めている。バッテリーの高性能化も著しく、長距離走行可能なモードでは 100 km 以上の距離に対応できるものもある。日本では電動アシスト付き自転車のアシスト率は人がこぐ力の2倍まで。さらに時速 10 km 以上になると順次減らしていき、24 km でゼロにしなければならない。海外ではこれより制限が緩い。

自転車のルール

● 車道の左側通行が原則

自転車は車両の一種であり、車道左端の車線を走るよう道路交通法で定められている。路側帯[用語2]でも逆走は禁止。例外として、「自転車歩行者専用道路[用語3]」や「歩道自転車通行可」の標識（下図）がある歩道（自転車歩行者道[用語4]）、路面に自転車通行帯が設けられている歩道は通行が認められている。また 13 歳未満の子どもと 70 歳以上の高齢者、身体の不自由な人の運転する普通自転車も歩道を通ることができる。ただし、歩道では歩行者が最優先。車道寄りの端を徐行し、歩行者から安全な間隔（1.5m 以上が目安）をとる。安全が確保できないときは自転車を降りる必要がある。また、歩道

「歩道自転車通行可」の標識

通行が認められているのは、長さ 190 cm、幅 60 cm 以内の「普通自転車」のみである。

● 法令で定められたルールを守る

交差点では信号を守り、一時停止と安全確認を行う。前方の信号が赤の場合は左折も不可。右折時は、道路の左端を走ってまず正面の通りを渡り、直角に向きを変えて右の通りに渡る「二段階右折」を行う。以下の運転は危険行為として禁止されている。

- ・飲酒運転、並走、傘さし運転、二人乗り（6 歳未満の幼児同乗を除く）
- ・携帯電話やスマートフォン等を使用しながらの運転
- ・イヤホン等を使用しながらの運転
- ・ピストバイク[用語5]等のブレーキ不良自転車の運転

サイクルツーリズム先進国ドイツより

●サイクリングを楽しむ人々
コラム 3 （p.79）

口絵 1　ドイツ・スイス・オーストリア国境にあるドイツ最大の湖、ボーデン湖岸でサイクリングを楽しむ家族連れ　ドイツのサイクリング客は、年配の夫婦や家族連れが主流である。ローマンスホルン・クロイツリンゲン間

口絵 2　サイクリストで賑わう町　ボーデン湖岸メーアスブルク（人口約 5500 人）

● 自転車の多様さ

コラム 4 （p.101）

口絵 4　チャイルドトレーラー　フランクフルト

口絵 3　リカンベント　寝転がった状態で乗る自転車、ライン川沿いリューデスハイム - コブレンツ間

口絵 5　タンデム自転車　2 人乗り自転車、これは前がリカンベントになっており、さらに荷物用トレーラーを引いている、ボーデン湖岸ヘーヒスト

口絵 6　カーゴバイク　カールスルーエの自転車店にて

口絵 7　子ども用連結自転車　マインツ

口絵 8　箱付き自転車
ミュンヘン

●公共交通に自転車を載せられるのが当たり前 コラム 9 （p.161）

口絵 9　快速（RE：Regional Express）用車両

口絵 10　快速の自転車用車両

口絵 11　快速への自転車積載の様子

口絵 12　急行（IC：Intercity）用車両

口絵 13　満員の IC の自転車用車両

口絵 14　トラム（路面電車）への自転車積載　カールスルーエ

口絵 15　高速船への自転車積載　コンスタンツ - フリードリヒスハーフェン間

●すぐれたサイクリングマップ コラム 2 （p.68、69）

口絵 16　ブレーメン中央駅駐輪場にある ADFC（全ドイツ自転車クラブ）ショップにて　並んでいるのはすべてドイツ各地のサイクリングマップである。

口絵 18　『ドイツの長距離自転車道』　下記 bikeline シリーズで出版されているコースのうち 143 コースをダイジェストで紹介したガイドブック

口絵 17　書店のサイクリングマップの棚　フランクフルト

口絵 19　サイクリングガイドブック bikeline シリーズ『ボーデン湖自転車道』　同シリーズはドイツと周辺の国で約 300 種類が刊行されている。

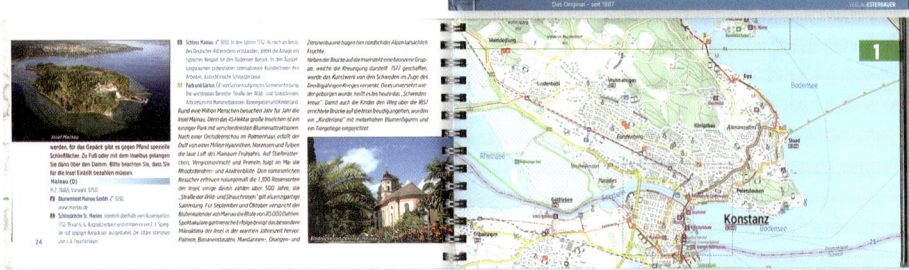

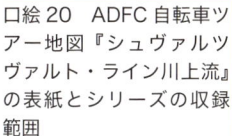

口絵 20　ADFC 自転車ツアー地図『シュヴァルツヴァルト・ライン川上流』の表紙とシリーズの収録範囲

口絵 21　ADFC 地域地図『ボーデン湖』表紙と地図の一部、およびシリーズの収録範囲　地図の中の赤い線が推奨コース。コースが網の目のように掲載され、また道の状態が実線、点線、破線など詳細に分類され表示されていることがわかる。

● 自転車用の標識と信号　コラム 10（p.169）

口絵 22　サイクリングルートの路面標示　ボーデ
ン湖岸ブレゲンツ近郊（オーストリア）

口絵 23　ドイツ
の自転車用標識
フランクフルト近郊

口絵 24　サイクリングルート
の方向標示　シュヴァルツヴァルト、
チチ湖近郊

口絵 25　スイスの自転車用標識
ローマンスホルン - クロイツリンゲン間

口絵 26　オーストリアの自転車用
標識　ボーデン湖岸ブレゲンツ近郊

口絵 27　自転車用信号とその
押しボタン　フランクフルト近郊

●ヨーロッパ全土に広がる
サイクリングロード
ネットワーク

口絵 28　ユーロ・ヴェロ (EuroVelo)
ヨーロッパ自転車連盟（ECF）が推奨する
ヨーロッパ全土を 12 の長距離ルートで結
ぶルート。全長 6 万 km。うち 2 万 km 以
上がすでに施工されている。
（出典：「EuroVelo」ウェブサイト　http://
www.eurovelo.org）

**口絵 29　ドイツの長距離自転車ツーリズムルー
ト「コラム 1」(p.47)**
図中の赤線が同ルート。全長約 5 万 km。緑の線はユー
ロ・ヴェロルート。（出典：「ADFC サイクリング休暇
プラン旅行地図」パンフレット）

●サイクリストを惹き付けるもの

本文 p.48 〜

口絵 30　びわ湖一周サイクリング認定証とステッカー

口絵 31　びわ湖一周サイクリング認定
チェックポイントのポスター

●サイクリングマップ、ガイドブック　本文 p.60 〜

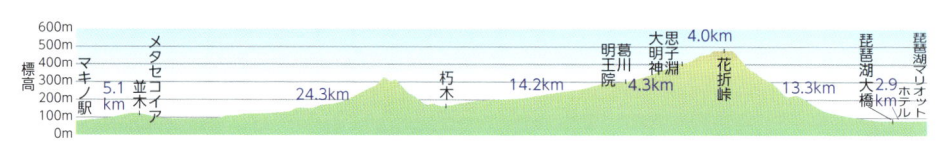

口絵 32　標高グラフ　『ぐるっとびわ湖サイクリングマップ』より

口絵 33　坂道の勾配記号

口絵 34　区間距離の表示例　『ちず
たび　びわ湖一周自転車 BOOK』より

口絵 35　『ちずたび　びわ湖一
周自転車 BOOK』

口絵 36　『しまなみ島走 BOOK』

口絵 37 『ちずたび　びわ湖一周自転車BOOK』の地図の一部

口絵 38 『ちずたび　びわ湖一周自転車 BOOK』の地図の凡例

口絵 39 『ぐるっとびわ湖サイクリングマップ』

- ビワイチファミリーコース
- ビワイチハイスピードコース（ファミリーコースと異なる所のみ掲載）
- 街道めぐりコース
- 地域の味わいコース
- 歩行者・自転車専用道
- 歩道を利用した自転車道あり
- 一般道
- 交通量の多い道
- 坂道
- 低 > > > 高
- > ややきつい
- >> きつい
- >>> かなりきつい
- びわ湖一周サイクリング認定チェックポイント
- ショップ名 輪の国びわ湖協賛ショップ
- レンタサイクル
- 自転車店
- 注意するところ
- 寺社仏閣
- カフェ
- レストラン
- 店 — おすすめスポット（本文で解説）
- 観光スポット
- その他
- カフェ
- レストラン
- 店
- トイレ
- 東屋風休憩所
- 観光案内所
- 道の駅
- 眺めがいいところ
- 温泉・銭湯
- わき水・井戸水（おいしい水）
- 百貨店
- スーパー・ショッピングセンター
- セブンイレブン
- ローソン
- ファミリーマート
- サークルK
- ミニストップ
- デイリーヤマザキ
- その他コンビニエンスストア

- ✿ 桜の名所
- 🍁 紅葉の名所
- H ホテル・旅館
- ⛰ ユースホステル
- ⛺ キャンプ場
- 🏁 水泳場
- ⊗ 学校
- ⊗ 警察署
- 卍 寺
- 开 神社
- ▲123 山頂（標高）
- ◎ 県庁
- ◉ 市役所
- ◎ 町役場・区役所
- 8 国道番号
- 559 県道番号
- ☐☐ 信号
- ∷ 滝
- — 国道
- — 県道・府道
- — その他道
- --- 徒歩道
- -·-·- 府県境
- --- 市境
- --- 区町村境

標高 (m)

| 1200 |
| 1100 |
| 1000 |
| 900 |
| 800 |
| 700 |
| 600 |
| 500 |
| 400 |
| 300 |
| 200 |
| 100 |
| 0 |

●サイクリング支援ステーション 本文 p.110〜

口絵 40　サイクルオアシス　（写真提供：愛媛県自転車新文化推進課）

口絵 41　滋賀県におけるピクトグラムによる提供サービスの表示

●サイクリングの拠点施設 本文 p.118〜

口絵 42 PLAYatre TSUCHIURA 店内のブルーライン

口絵 43　米原駅サイクルステーション

口絵 44　ONOMICHI U2

口絵 45　シクロの家

●道の整備

本文 p.142～

口絵 46　愛媛県の「思いやり 1.5m 運動」のポスター

口絵 47　ライン導水ブロック　（写真提供：株式会社イトーヨーギョー）

愛媛県での道路整備 1　本文 p.147～

口絵 48　ブルーラインと距離標示

a 距離標示　b 方向標示

口絵 49　注意喚起看板

口絵 50　減速標示ピクト

口絵 48～50 データ提供：愛媛県土木部道路都市局道路維持課

500 mm

2000 mm

自転車に注意

口絵 51　トンネルの安全対策

トンネル内装板

施工前

施工後

口絵 52　路肩拡幅

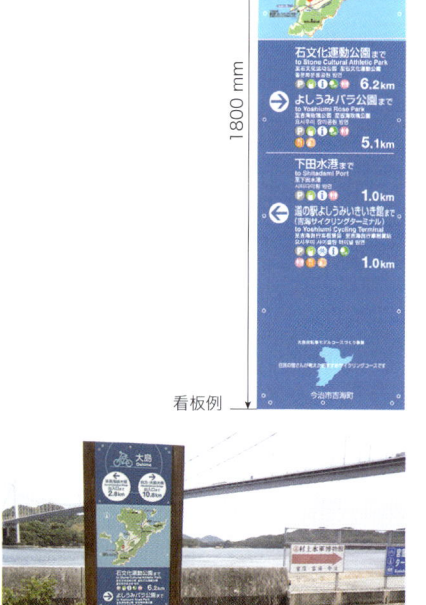

450 mm

1800 mm

看板例

設置例

口絵 53　案内看板

本ページデータ提供：愛媛県土木部道路都市局道路維持課

琵琶湖一周ルートでの道路整備　本文 p.149

口絵 54　路肩の拡幅

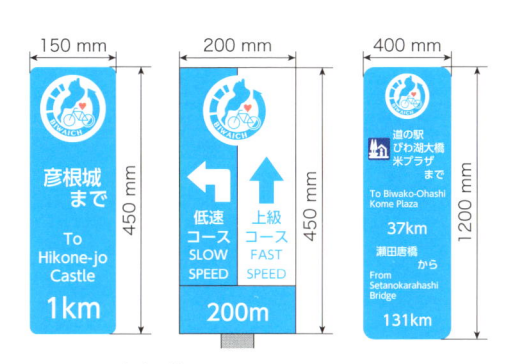

口絵 55　案内看板例

口絵 56　注意喚起看板

口絵 57　注意喚起標示

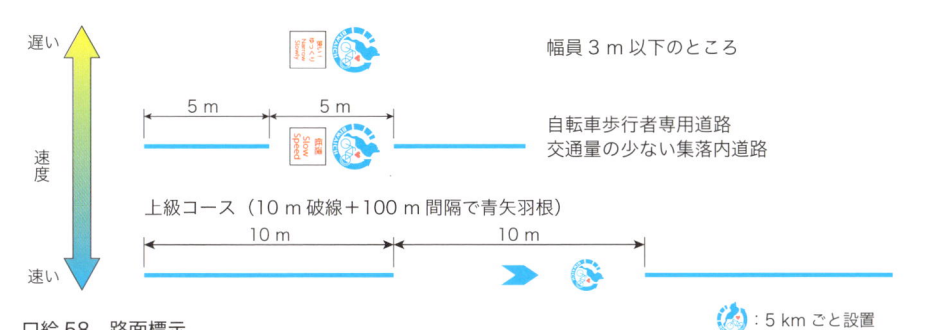

口絵 58　路面標示

本ページデータ提供：滋賀県土木交通部道路課

29

口絵　国内での取り組み

● 他の交通手段との連携

本文 p.152〜

口絵 59　近江鉄道の自転車用スペース

口絵 60　B.B.BASE （写真提供：東日本旅客鉄道株式会社）

口絵 61　B.B.BASE への自転車積載 （写真提供：東日本旅客鉄道株式会社）

口絵 62　特急宇和海のサイクルルーム（写真提供：四国旅客鉄道株式会社）

口絵 63　特急宇和海 （写真提供：四国旅客鉄道株式会社）

口絵 65　サイクルトレインしまなみ号車内の様子（写真提供：四国旅客鉄道株式会社）

口絵 64　サイクルトレインしまなみ号 （写真提供：四国旅客鉄道株式会社）

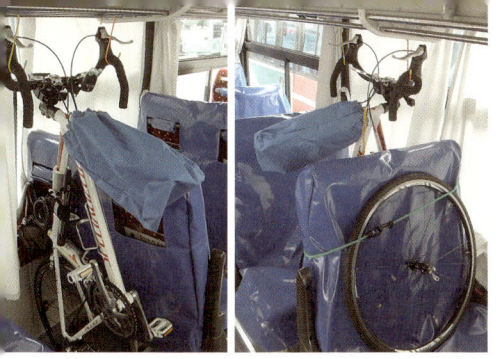

口絵 66　しまなみサイクルエクスプレスへの自転車積載の様子　（写真提供：おのみちバス株式会社）

口絵 67　前面に自転車ラックを搭載した伊予鉄バスの車両　（写真提供：株式会社伊予鉄グループ）

口絵 68　明石港－淡路島岩屋港間の高速船　まりん・あわじ

口絵 69　まりん・あわじへの自転車積載の様子

口絵 70
松山空港の
サイクルス
テーション

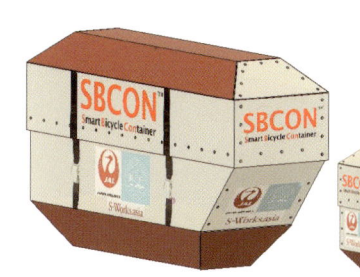

口絵 71　日本航空の自転車用コンテナ　SBCON　（データ提供：日本航空株式会社）

口絵 72　サイクルキャリア（クルマの屋根の上に積載するもの）（写真提供：株式会社阿部商会）

口絵 73　サイクルキャリア（クルマの背面に積載するもの）（写真提供：株式会社阿部商会）

● その他サイクリストが求めるサービス 本文 p.124〜

口絵 74　6 人のシクロ・ツーリスト　（サイクルラック）しまなみ海道大三島

口絵 75　ビワイチサイクリングナビ　（スマートフォンアプリ）

口絵 76　サイクリストの聖地碑　しまなみ海道大三島

口絵 77　琵琶湖サイクリストの聖地碑　滋賀県守山市

● ルールとマナーの啓発 本文 p.162〜

口絵 78　滋賀プラス・サイクル推進協議会の啓発ポスター

口絵 79　びーもサイクル協議会の「SAFETY RIDER」ステッカーとカード

gokanseikatsu

1

まず最初にすべきこと

1 サイクルツーリズムの始め方

　本書を手に取った方は、サイクルツーリズムに関心を持ち、サイクルツーリズムを進めたいという想いをお持ちだろう。

　あなたはどの立場でサイクルツーリズムを進めようと思っているだろうか。一人の自転車愛好家としてだろうか。サイクリング団体か、まちづくり団体か。自転車店か、レンタサイクル店か、観光事業者か、交通事業者か、行政か、コンサルタント業者か、DMO^{用語6}やエリアマネジメント団体か、あるいはそれ以外の組織なのか。

　サイクルツーリズムは、いつでも誰にでも始めることができる。企画書を作り、仲間を集め、企画を実践して実績をつくる。協力者を増やし、さらに連携相手をつくって、ステークホルダー（利害関係者）と共に次の企画を実践する。それを繰り返しながら、推進体制を整え、さらに大きな目的に向かっていく。

　本節では、サイクルツーリズムの始め方について概要を解説する。ここで述べることはサイクルツーリズムをスタートさせるときにまず必要なことで、どの立場の方にも共通することがらである。この基本を押さえたうえで、具体的な事業に取りかかろう。

(1) サイクリングに出かけよう

　いざ自分の地域でサイクルツーリズムの取り組みを始めようと考えたとき、何から始めればよいだろうか。

　一口にサイクルツーリズムといっても、たとえば地元のまちづくり団体としてガイドツアーを主催するという小さなものから、行政が地域振興を含め圏域全体の施策として進める大きなものまでいろいろある。しかし、どんな規模で

も最初にやるべきなのは、自ら自転車に乗って対象となる地域を走ってみることだ。あなたが日頃からロングライドを楽しむサイクリストであれば別だが、もし日常では自転車にほとんど乗らない生活か、乗っていたとしてもシティサイクルで近所をおつかいに回る程度であれば、まずはサイクルツーリズムに適したスポーツバイクに乗って、地域を一日走り回ってみてほしい。乗り慣れた人に先導してもらうか、自転車店やサークルなどが主催するサイクリングツアーに参加するなどして、サイクリストと共に走ってみるとよい。あなたが自転車に対して持っていたこれまでのイメージは一新され、サイクルツーリズムの魅力や可能性、そして課題を自分の身体で感じることができるはずだ。ここで楽しいという感覚をつかむことができれば、そのエリアでのサイクルツーリズムには成功の可能性がある。

(2) 徹底した現状分析と自己分析をする

　サイクリング体験と並行して進めたいのは、何のためにサイクルツーリズムを進めるのか、そのために自分たちに使える資源は何かなどを徹底的に分析することだ。

　さあこれから始めようとなると、つい他の地域で行われている事例を調べ、それと同じようなものを企画するところから進めがちだが、地域それぞれ、また進める主体それぞれによって目的も特性も違う。一緒に取り組む仲間と共に、初めに基礎的なことがらを整理していこう。

① 目的を明確にする

あなたはなぜサイクルツーリズムを進めたいと考えるのだろうか。
たとえば、
・観光地としての魅力を発信し、地域を活性化させたい
　過疎化する地域のファンを増やし、交流人口を拡大させたい。ひいては移住者を呼び込みたい。
・自転車が使いやすく、安全で暮らしやすい地域を作りたい
　自転車の利用環境をよくしたい。地域交通の安全性を高めたい。脱クルマ

社会を目指したい。

・自転車に市民権を獲得させたい

自分のまちに自転車ファンを増やしたい。地元の人に自転車や地域について理解してほしい。

・エコロジカルなライフスタイルを定着させたい

現代の暮らしに疑問を持って新しい生き方に気づいてほしい。

などが考えられる。根本となる想いが明確でないままに事業計画を進めようとしても、多くの人の心を動かし協力を得ることはできない。「なぜ」という問いを繰り返して、想いをクリアにしよう。

それができれば、その企画によって何を実現したいのかという目的もはっきりしてくる。できるだけ具体的なイメージを持つとよいだろう。

② 周辺の事情を分析する

では、その目的を達成するために、その手法がサイクルツーリズムでなければならない理由はなんだろうか。

日本における自転車ブームや訪日外国人の求めるもの、サイクルツーリズムが持つ特性や可能性、そしてその地域の抱えている問題などから、その地域でなぜサイクルツーリズムが必要とされているのか、社会的な背景を整理しよう。

サイクルツーリズムの特性やそれを進めることで生まれるよい効果については、5章（p.181）で紹介しているので参考にしていただきたい。

● ポテンシャル分析

サイクルツーリズムを進めるにあたり、その地域にどのような観光資源があるのかを探していこう。地域の資源とは、自然環境、歴史・文化、人々の生活ぶり、それらが生み出す景観などだ。サイクルツーリズムならではの発信したい魅力をたしかめよう。方法は次節「**2** 地域の特性や魅力の分析」（p.38）で詳述する。

また、自分に使える人的・物的・金銭的資源は何かということも整理していこう。特に大切なのは人的資源、ネットワークだ。協力をしてくれる人や団体はどれくらいあるだろうか。先行している動きはあるだろうか。誰が何に協力してくれそうか、必要な役割や機能に、具体的な名前を挙げて整理していこう。詳しくは「**18** ステークホルダーと進めるための体制づくり」（p.170）に後述する。

● マーケティング分析

　その地域でサイクルツーリズムを企画したとして、それは社会から求められているだろうか。対象とする層はどこだろう。その層に情報はきちんと届くだろうか。類似の企画はないか、それと勝負して負けることはないだろうか、あるいは相互に協力し合えるのに無駄につぶし合うことにならないだろうか。企画するサイクルツーリズムが社会からきちんと注目され求められるかを検証しよう。

③ コンセプトを定める

　サイクルツーリズムを進めるうえで外したくないポイントを考えておこう。進めるには自分一人ではなく多くの人に関わってもらうことになるだろう。そのときに、ぶれずに守りたい大切なことは何か、それを言葉にしておこう。

　たとえば、

- ・有名スポットを回るだけではない、行程すべてを楽しめるようにする。
- ・外から何かを持ち込んで特別なことをするのではなく、その地域のあるがままを楽しむ。
- ・地元の人との出会いを大切にする。

などツーリズムそのものについてのことの他、運営に関することがらとして、

- ・サイクルツーリズムに関わった人たちが親しくなり地域の結束が強くなる。
- ・続けていけるように、誰かがお金を持ち出したり税金を投入し続けたりすることはせず、努力した人に正当な報酬が入るよう、事業費で回るようにする。

といったことも考えておくとよい。

　ここまで考えてくると、その地域でのサイクルツーリズムを貫くテーマのようなものがなんとなく見えてくるだろう。それを「コンセプト」として短いフレーズでまとめておこう。

＊

　これでようやく、サイクルツーリズムを進めるための下準備が整った。実際の具体的な企画を進めるためにはここで考えたことをさらに深く、拡げて考えていく必要があるが、ひとまずはこれらの整理を基に、一緒にやりたい仲間を口説きに行ったり、やってみたい事業のアイディアを考えてみたりするとよいだろう。

2 地域の特性や魅力の分析

(1) 地理、特性を理解する

　サイクルツーリズムを推進するうえでは、始めに地図を広げ、自分の地域が地理的に、どのような位置にあるのかを確認することが必要である。特に交通の条件、アクセスのしやすさはどうか、交通の結節点なのか、それによって、活動内容に大きな違いが出てくる。その地域には鉄道の駅があるのか、輪行^{用語7}で不自由なく来ることができるのか、クルマで来られるのか、駐車場はあるのか、幹線道路や高速道路へのアクセスはどうかなどを検証しよう。

　対象と考えるエリアはどのくらいの時間をかけて回るのが適切な広さなのか。数日にわたる場合は宿泊施設があるかどうかも重要だ。大規模なイベントによるツーリズムの場合は特に、宿泊先（前泊の場合）や交通の利便性、駐車場などには配慮が必要である。

　道路の状況はどうだろうか。自転車で走るうえで危険がなく魅力的な道は整備されているだろうか。マウンテンバイクのツーリストを招くなら必ずしも舗装路である必要はないが、たとえば狭いところを大型車が頻繁に通るような道が多いようではサイクルツーリストの安全を確保することができない。

　自然の状況や季候についても押さえておきたい。中山間地域であれば、山の陰になり平地よりも日の入りが早く、周遊できる時間が短くなることもある。冬場は雪に閉ざされる地域だろうか。雨の多い季節の走りやすさはどうだろうか。

　まずは、自分の地域の特性を理解したうえで、どのようにすればツーリズムを推進することができるのか、考え、話し合うことが必要である。やみくもにツーリズムを企画しても、人の流れや動線、動き方を考えないと、事業そのも

のが無意味なものになってしまう。

(2) 地域の魅力を理解する、掘り起こす

　そして次に大切なのが、地域の魅力を身体で理解することである。招く側が自分たちの地域の良さを理解していなければ、外部（他人）に発信することはできない。そのためには、地域の自然や歴史、文化などの文献を調べたり詳しい人にヒアリングしたりすることはもちろん、実際に自転車で域内をめぐり、自分の目で見て、風を感じ、地域のにおいや空気感を肌で感じながら、地域の魅力を体感することが必須である。観光スポット、絶景ポイント、歴史や文化に触れることができる場所、地域に埋もれたお地蔵さん、神社仏閣など、自転車でめぐると今まで知らなかった魅力を感じることができる。行政の担当者でも、そうした地域の魅力を本当に理解している人は少ない。さらには、走りながらところどころで自転車を止め、地域の人に声をかけて、そのあたりですてきな場所はあるかなど尋ねてみよう。地元の人でないと絶対に知らない隠れた魅力を発見することができる。サイクリストにはそういった知る人ぞ知るようなスポットが好まれる。

(3) 点と点を「線」でつなぎ、魅力をデザインする

　サイクリストがその土地を訪れるのは自転車で走ることが主な目的であるが、それ以外にも大きな理由がある。そのひとつが、その土地ならではの空気感を味わいたいということ。その中には、歴史、グルメ、絶景など、さまざまなキーワードが含まれている。そのキーワードを、いかに掘り起こすのかということも大切なポイントであり、いずれにしても、その土地ならではのオリジナリティが求められる。

　大木、滝、歴史的な建物、一度は食べておきたいスイーツ。信じられないような坂道（激坂）ですら、マニアのサイクリストには人気がある。そして、その土地でしか見られない絶景。ガイドツアーでは、その景色に隠された意味などを説明できるといい。また、体験という要素も面白い。滋賀県米原市で活動

写真 2・1　米原市での真綿作り（写真提供：NPO 法人五環生活）

するNPO法人五環生活が実施しているオリジナルツアー「米原サイクルアドベンチャー」においては、地元集落の「真綿づくり」や、上丹生地域での「木彫づくり」などを展開しており、冬場には、「雪の中をマウンテンバイクで走る」企画などを実施している。

　その土地でしか手に入らないグッズなどもあるかもしれない。自転車用のお守り、サイクル弁当、オリジナルサコッシュ（自転車用ショルダーバッグ）、走破記念ステッカーなど、新たに企画してみれば、アイディアによる集客も考えられる。

　また、旅先での心に残るコミュニケーションが、サイクルツーリストが求めるもうひとつの重要な要素である。地域の魅力とは、往々にしてそこで暮らす人の魅力である。そのまちの名物おやじ、コーヒー店の人気マスター、旅館の元気な女将など、また会いたいと思う人、ここに来たならぜひこの人に会ってほしいと思う人こそが地域の重要な資源だ。さまざまな人を掘り起こしていこう。

　ある程度の地域資源の掘り起しができた段階で、一つひとつの魅惑的な点を線でつなぎ、ためしにルートマップを作成すると、道路や標示などのさまざまな課題も浮き出してくるし、テーマを持った周遊ルート、そして地域一帯の魅力が見えてくる。

　こうした作業を通じて仲間内で話し合うことも非常に大切であり、さまざまな視点と意見をできる限り抽出し、地域の魅力をサイクルツーリスト向けにデザインしていこう。自分たちの地域で進めたいサイクルツーリズムのイメージが湧いてきたら、本書の「**5 サイクリングコースを作る**」（p.52）以降を参考に、具体的なコースづくりやサイクルツーリストへのサービスづくりに進みたい。

　しまなみ海道では2005（平成17）年から民間による動きが始まった。当初は松山市のまちづくり団体が愛媛県側の3島（伯方島、大三島、大島）を1年に1島ずつ回って地元の人たちによる地域資源発掘の活動を3年間コーディネートした。島の「ここにしかないもの」にアプローチするために自転車という手法にたどり着いたという。

　最初は地元の人は「ここにはなんもないよ」と言っていたが、自転車文化研究室の白鳥和也氏を招いた勉強会をし、実走中に予定のコースを外れてすぐ路地裏に入っていく白鳥氏の姿を見る中で、まちの肌触りを楽しむような自転車旅の楽しみ方を学んだ。モニターツアーを実施して、朝の味噌汁がおいしかった、農作業の手を止めてみかんをくれたのがうれしかったという反応に、ありのままの生活を見せればよい、自転車で来る人はクルマで来た人とは志向性が違うのだと気づいた。プロジェクトの終わりには、地元の人たちがサイクルツーリストのために自分たちにできる体験プログラムを持ち寄ることができた。そして、住民主体に考えた自転車モデルコースを作った。

　さらには自転車ユーザ目線の「しまなみ島走MAP」を制作しながら、そこで伝えきれないものとして「しまなみ島走BOOK」をつくり、ここの井戸は涸れたことがない、小さな滝がある、ここからの夕日がきれいといった地元民による生活と密着した情報をたくさん盛り込み、好評を得ている（「**18** ステークホルダーと進めるための体制づくり」(1) ① p.171）。

写真 2・2　しまなみ海道での地域資源発掘活動（写真提供：NPO法人シクロツーリズムしまなみ）

3 誰を対象にするのか

　自転車は、買い物など日常の用事から、短距離をゆっくり楽しむいわゆるポタリング用語8や日数をかけて長距離を楽しむ自転車旅行まで非常に用途が広い。サイクルツーリストと言ってもさまざまなレベル、指向の人が存在する。そのため、サイクルツーリズムを進めるうえで、まずどのような層を対象にするのかを考える必要がある。

　図3・1はサイクルツーリストの層とそれぞれの興味の対象を感覚的にまとめたものだ。ここでは、「(1) 長距離・スピード指向」「(2) 観光サイクリング指向」「(3) 観光のついでにサイクリングを楽しむ層」の三つに分類した。ただし、これらの層ははっきり分かれるのではなく、連続している。

客層	(1)長距離・スピード指向	(2)観光サイクリング指向	(3)観光のついでに サイクリングを楽しむ層
1日の 走行距離	男性		
			女性、カップル、親子連れ等
	150km 以上　　　　　100km	数十キロ	数キロ
興味の 対象	全線制覇		
	峠・激坂		
		自然	
		歴史・文化	
		グルメ・スイーツ	
インフラ整備	あまり必要ない	必要	
適した 地域	中山間地・地方		
			既に観光地の所・都市部

図3・1　サイクルツーリストの層とその興味の対象

(1) 長距離・スピード指向　自転車自体を楽しむ

　近年のロードバイクブームにより急増しているのがこの層であり、いわゆる自転車マニアである。おもに 20 代〜 50 代の男性で、身体にぴったりフィットしたサイクルジャージに身を包み、ロードバイクで時速 30 km、40 km 出して走る。1 日の走行距離は 100 km 以上。中には琵琶湖 2 周（約 400 km）を 1 日で走る人もいる。「ブルベ」と言われる 200 km 〜 1400 km もの長距離を制限時間内で走ることを目指すイベントでは、夜通し走り 400 km まではほぼ 1 日以内で走る必要がある。長距離を走るランナーは、「ランニングハイ」と言って走り続けること自体が快感になる。長距離・スピード指向のサイクリストも同様であり、さらにこれだけの距離を走った、これだけ速く走れた、これだけ高くまで登れたということが満足感につながり、さらに上を目指したくなる。

　この層を本書では「上級サイクリスト」と記述するが、実際にはサイクリングの上級者だけでなく、初心者でもロードバイクを購入していきなり長距離のサイクリングを目指す人も多い。ある意味マニアックな世界であり、日帰りで昼食もコンビニ弁当などで済まし、ひたすら走るだけで帰ってしまう人が多い。本来あまり観光振興には結びつかないが、ロードバイクブームでその層が大きく拡大し、男性だけでなく女性も増えつつあるため、この層に走るだけでなく立ち寄りや滞在を促し、地域振興に結び付けようというところが増えている。トライアスロンを含む自転車レースや近年増加しているロングライドイベント（「8 サイクルイベント」(2) ① p.83) に好んで参加するのもこの層であり、そういったイベントにより地域に深く関わってもらう方法もある。琵琶湖一周サイクリングを 1 日で行うのがほぼこの層で、一周者の約 6 割を占めている。

　サイクリングに関する情報に感度が高いこともこの層の特徴で、常におすすめコースの情報を求めている。サイクリングコースを作り、サイクリングマップに落として配付するとすぐに反応してくれる。また、自分が走ったコースを積極的に SNS (Social Networking Service) や、スマートフォンの STRAVA などのコース情報共有アプリ（「10 広報」p.102) にアップし、友だちのサイクリストに拡散することを好む人が多い。

走り慣れた人が多いため、マップの情報さえあれば問題なく、インフラ整備の手間や費用があまり必要ないことも特徴である。

（2）観光サイクリング指向　自転車ならではの観光を楽しむ

途中、さまざまなスポットに立ち寄りながら、50 km 〜 100 km の比較的長距離を走るのがこの層であり、男性が多いが女性も近年増加している。お父さんが自転車好きで子どもを連れてサイクリングしようという人や、定年後に時間ができたのでサイクリングを始めたという人も増えており、特に後者はお金にも余裕のある人が多い。また、サイクリング初心者から上級者までさまざまなレベルの人がいる。琵琶湖を1泊2日以上で一周する人がほぼ当てはまり、一周者数の4割程度を占める。歴史や文化に関心があり、関連するスポットをめぐるために自転車を使っている人も多い。地域の特産品、グルメにも関心が高いことも特徴である。長距離・スピード指向ほどではないが、この層も最近の自転車ブームで増加している。サイクルツーリズムを仕掛ける側にとってはよいお客さんであり、後述（コラム「1. サイクルツーリズムの存在感」p.47）のドイツではこの層がサイクリング客の中心を占め、さらに日本と比較して人口全体に占める割合も高い。そのため、いかにこの層をつかむか、またこの層をさらに拡大させていくかが重要である。

サイクリングの上級者に対してはあまりインフラ整備の必要はないが、初心者層を引き込み、多くのサイクリング客に来てもらうためにはさまざまな施策やインフラの整備が必要となってくる。

（3）観光のついでにサイクリングを楽しむ層
観光が中心で自転車はその一部

女性同士のグループやカップル、家族連れなどが中心であり、上記二つの層は、自分の自転車を持ってくる人が多いのに対して、この層に対応するには整備されたレンタサイクルが必須である。観光がメインのため、地域の文化、歴史、グルメなどにも関心が高い。観光に自転車を使うことで観光地での時間の

有効活用ができ、さらに多くの場所を回れるようになれば、満足度の向上が図れ、消費金額も増加させることができる。

京都では、多くのレンタサイクル店があり、自転車観光がかなり一般的になっている。名所を回るサイクリングツアーを行っている事業者もあり、地域経済への貢献度は大きい。ただし、京都のような有名観光地や、歴史的にレンタサイクルでの観光が一般的になっている奈良県の明日香村、滋賀県の安土などを除けば、現在のところレンタサイクル単独で事業として成り立たせるのは難しい。

また、日常利用で自転車を活用している女性は多いが、あくまで移動手段としての利用であり、サイクリングを楽しもうという人は少ない。レンタサイクルを利用したとしても、短時間かつ短距離での利用が多く、自転車利用による地域経済への貢献度は少ない。自転車を長時間利用してもらい、さまざまな場所を回ってもらおうとするとハードルが高い。ただし、自転車以外での観光では中心的な層であり、1、2の層と比較して人口的には桁違いに多いので、いかにこの層にサイクリングを楽しんでもらうかは大きな課題である。

(4) どの層へのアプローチから取り組むか

現在、サイクルツーリズムは、二次交通[用語9]に課題があり、かついわゆる人気の高い（知名度がある）観光資源を有していない地方での地域振興の手段として注目を集めており、そういった地域に人を呼び寄せ、交流人口を増やすために取り組まれていることが多い。日本のサイクルツーリズム最先進地と言われるしまなみ海道も、本州側の起終点である尾道市を除いて、以前は有名観光地とは言えず、島嶼部は過疎化が進み、四国側の起終点の今治市も元々は造船とタオルの生産で栄えた街であったが、近年はどちらも衰退が続き、人口減少に苦しみ、観光とタオルのブランド化で地域活性化の成果が見えつつあるところである。

こういった地域でサイクルツーリズムに取り組み始める場合、まずは（1）の上級サイクリストや（2）の中でもそれに近い層にターゲットを絞るのがやりやすい。上記のようにこの層はサイクリング情報に感度が高いため、上級サ

イクリストの心をつかむコースを作り、マップにして、後述する自転車関連の展示会や自転車店を通じて配付、ネットで情報を拡散することで比較的容易に反応してもらえる。さらに、そのコースが上級サイクリストにとって面白いコースであれば、SNS で自然と広まっていき、また、自転車関連のメディアでも採り上げてもらいやすい。

　中山間地域などアクセス自体が不便であったり、山が多く、平地の少ない地域では、一般の人がサイクリングするのは難しい場合がある。しかし、こういった地域こそ上級サイクリストにとっては魅力のある地域となる。困難なコースであるほど挑戦してみたくなるのである。また不便な地域であるほど1日で百数十キロを走るような上級サイクリストであっても宿泊の必要が増し、宿泊すれば当然飲食も必要になる。自転車で走ればお腹が空く。長距離を走るのが目的のサイクリストであっても食への関心は非常に高い。昼食は時間を気にして簡単に済ませるが、夕食は時間に余裕もあり、次の日の走行に備えてしっかり栄養補給する必要があるのでお金もかけるし、せっかくここまで来たのだからと、地域の特産物を味わっていこうとする。

　一方、中山間地域以外では上級サイクリストだけを対象にしているのではその効果は限定される。まずは、上級サイクリストを呼び寄せ、ある程度の実績を作れば、サイクリングでめぐるのに適した地域というイメージが定着してくる。実際に人が来ることで地域の理解も得ながら次のステップ、すなわちサイクリングする人の層を広げていくことに進んでいく必要がある。

　サイクリスト個人を見ても、自転車に興味を持ち、ブームに乗ってロードバイクを購入すると、始めは興味の対象がさらに速く、さらに遠くという方向に向かいがちである。しかし、走っているうちに徐々に周りの自然や歴史スポットなどに関心が向き始め、さまざまな所に立ち寄りながら走るようになるケースが多い。

　社会全体で見ても、現在はロードバイクブームで、速く・遠くを指向する人が多いが、徐々に自転車文化が成熟してくれば、次ページのドイツのようにゆっくり走る人が増えてくるのではないかと思われる。また、サイクルツーリズムの振興を通じてそのような人が主流になる社会を目指していかなければならない。

1. サイクルツーリズムの存在感

サイクルツーリズムによる地域振興の進んだ社会とはどのようなものだろうか？　本書のコラムでは、そのイメージを得るため、世界的に見てサイクルツーリズムの最先進国であるドイツを中心にヨーロッパの状況について見ていきたい。

※

ドイツでは、自分でするスポーツで一番人気なのはサイクリングだと言われる。ADFC（全ドイツ自転車クラブ）とトラベルバイク（Travelbike Vermietung・ミュンヘン近郊にあるレンタサイクル事業者）が発行する「2019 自転車旅行分析」（2019 ADFC-Travelbike Bicycle Travel Analysis）[43] によると、ドイツ人の 79％が日常的に自転車を利用しており、そのうち 75％が毎日利用、52％がサイクリングや旅行に、また 29％がスポーツとして利用している。2018 年には 1 日の旅行に換算して延べ 2 億 5800 万人が長期休暇時に自転車旅行に出かけ、2017 年に比べて 35％増加している。

自転車旅行者のうち 40％が 1 週間以上かけて旅し、9％が 2 週間以上かけている。1 日に走る距離の平均は 64km である。

自転車観光全体で約 5 千億円（40 億ユーロ）の付加価値と 1 兆 1 千億円の総売上金額を生み出していると推計されている[44]。

国中に 12 の「長距離自転車ツーリズム・ルート」（口絵 29 p.23）が整備されており、ヨーロッパの長距離ツーリズム・ルート「ユー

ロ・ヴェロ」（口絵 28 p.23）と接続されている。加えて「地域内ツーリズム・ルート」が 200 以上存在し、自転車ツーリズムルートの総延長は専用レーン 7 万 6 千 km、自転車優先ルート 15 万 km に及ぶ。

なお、同旅行分析 2018 年版[45] には「自転車に乗る観光客の 88％が日常生活でも自転車に乗っている。また、自転車旅行者のうち 29％の人が、休日にサイクリングすることで日常生活の中でもっと自転車に乗るようになった」と書かれている。

ドイツの国レベルでの自転車利用促進政策と目標をまとめた「ドイツ国家自転車計画 2012」の自転車観光の節の前書きには「自転車観光は、自転車を交通手段として認識する機会となり、常に、地域の経済発展と自転車利用の促進の両方を目指す」と書かれており[46]、観光振興や地域振興に留まらず、自転車の日常利用の促進にも大きな効果があるからこそ、サイクルツーリズムの推進が国全体の重要な施策となっているのである。

キャンプ用具を積んで旅する夫婦 ライン川沿いカールスルーエ - ストラスブール間

4 サイクリストを惹き付けるもの

　サイクリストは通常の旅行者とは違う嗜好を持っている。サイクリストに地域へ来てもらうため、サイクリストを惹き付ける要素について順に解説する。

(1) サイクリストが好むもの

① 達成感を求めて

● 一周

　サイクリストは一周が大好きである。湖や島があればとにかく一周したくなり遠くても出かけていく。これだけ走ったのだという達成感を得やすく、人に伝えるときにもわかりやすいためである。

　一周をテーマにサイクルツーリズムを推進している地域が増えている。琵琶湖一周（ビワイチ）を始めとして「〇〇一周」を省略した「〇〇イチ」という言葉がまさに花盛りである。関西ではビワイチと共に有名な「アワイチ」（淡路島）、そして「ハマイチ」（浜名湖）、「サドイチ」（佐渡島）、さらに湖や島だけでなく「イズイチ」（伊豆半島）、「フジイチ」（富士山の周り）などもある。

　湖岸や海岸は比較的平坦な所が多いため、初心者層にも広めやすい。

● 全線制覇

　一周とも関連するが、旧〇〇街道を全線走破、〇〇川沿いを源流から河口までたどる、などもサイクリストを惹き付けるきっかけになる。一周同様に達成感を得やすいためである。ドイツでは川の源流近くから河口まで走るサイクリングコースが人気であり、2017 年の人気サイクリングルートトップ 10 のうち九つが川沿いのコースである。

● 峠・激坂

　一般的に自転車は坂がきつい所は避けるものだと思われているが、サイクリストには「坂バカ」と呼ばれる、きつい坂（激坂）にあえて挑戦するのが大好きな人が多くいる。各地の峠を攻略して回っている人も多い。その達成感と共に、下り坂の爽快さ、山の上から見下ろす景色、美しい山々や渓谷の景色を見ながら走れることが峠越えの魅力である。神奈川県のヤビツ峠は「ヒルクライマー（自転車で坂を登る人）の聖地」と呼ばれ、シーズン中の休日には多くのサイクリストで賑わう。坂を登る順位を競うヒルクライムイベントも各地で開催されており、富士山のふもとから五合目を目指すイベント「Mt. 富士ヒルクライム」には毎年 1 万人近くが参加する。

② 地域の魅力

● 自然

　琵琶湖岸でサイクリストに対して取ったアンケートでは、「琵琶湖を走ってよかったと思うこと」として景色、季節の移ろいなど自然に関することを挙げる人がもっとも多かった。美しい景色を見ながら走れるのがやはりサイクリングの醍醐味である。また日本には四季があるため、同じ場所を訪れても季節が変われば景色が変わり、何度も楽しむことができる。上に挙げた「一周」「峠・激坂」なども達成感と共に自然の美しい所が多いからこそ多くのサイクリストに支持されているのである。

● 歴史・文化

　ツーリズムにおいては、地域に残る歴史・文化資源は大きな魅力となる。特に自転車は郊外に点在する神社仏閣その他スポットを訪ねるのに適したツールである。また、東海道、中山道など全国各地の旧街道は、並行するバイパスができて昔からの道が旧道として残っている部分も多い。そういった道は昔ながらの面影を残し、ゆっくりサイクリングするのに適している。近年は観光振興のため宿場町のまちなみを再生し特産品の販売店や地域の歴史文化を紹介する施設を整備している所も少なくない。そのような宿場町を自転車で順に訪ねていくことは、今後自転車ならではの観光を楽しむタイプのサイクルツーリストが増えればますます人気が出ると予想される。

③ 地域の特産品

● グルメ・スイーツ

　自転車で走ればお腹が空く。せっかく遠くまで来たのだからその地域の特産品を味わおう、また量的にもしっかり食べたいということになる。お腹が空くから食べるものがさらに美味しく感じられ、印象に残るものになる。地域ならではの食べ物は SNS で拡散されやすい。自転車に乗るとエネルギー消費が激しいため特に甘いものが欲しくなる。長距離・スピード指向のサイクリストであっても、グルメやスイーツに目がないという人は多い。サイクリストの要望に合わせてエネルギー補給になるものや、ガッツリ食べられるものを用意すればさらに人気が出る（「**13** その他サイクリストが求めるサービス」(5) p.129 に詳述)。その地域ならではのスイーツを味わうことを目的にわざわざ遠くから自転車でやってくるサイクリストも少なくない。

　さらに、言うまでもなく、グルメやスイーツは特に女性に人気である。ダイエットに敏感な女性であっても、自転車でカロリーを消費することが、思う存分スイーツを味わうための言い訳になる。女性にとってはそれもサイクリングの大きな魅力である。

事例 びわ湖一周サイクリング認定証

　サイクリストを惹き付ける手段として、走破したことを証明する認定証の発行や、スタンプラリーでスタンプを集めたら景品をプレゼントすることなどが挙げられる。

　ここでは、輪の国びわ湖推進協議会が発行する「びわ湖一周サイクリング認定証」について紹介する。

　琵琶湖一周サイクリングのルート上の道の駅など 16 カ所にチェックポイントが用意されている（図4・1）。その場所に行くと建物の入口などに口絵 31（p.24）のようなポスターが貼ってある。スマートフォンでびわ湖一周サイクリング認定システムのウェブサイト（https://i.biwako1.jp）を開いて、チェックポイントに貼られているポスターに書かれたクイズの答えを入力してもらうことでチェック完了となる。4 カ所以上でチェックを行うと認定証の申請が行える。申請手数料

1000 円で、口絵 30（p.24）のような、琵琶湖のヨシ紙ででき た認定証と、毎年色が変わる、自転車やヘルメットに貼れるステッカーが送付されている。認定証の裏にはチェックポイント通過時間の一覧も印刷されている。

さらに、5 回目の申請でシルバーステッカー、10 回目の申請でゴールドステッカーをもらえる。このようにステッカーの色を毎年変えたり、5 周、10

図4·1　びわ湖一周サイクリング認定証チェックポイント

周で特別なステッカーを用意することで何度も一周してもらえることになる。

この認定システムは 2009（平成 21）年 10 月から稼働を開始し、申請者は図 4·2 のように順調に増加している。

現在各地で、長距離を自転車で走るロングライドイベントが人気を集めているが、長距離のコースに参加するにはそれと同等の距離を走ったことを証明する書類が必要な場合があり、そのために一周認定証を取得する人もいる。

近年は台湾から琵琶湖一周に来る人が増加しており、認定システムは日本語のみの対応だが、台湾の方からの申請も増加している。

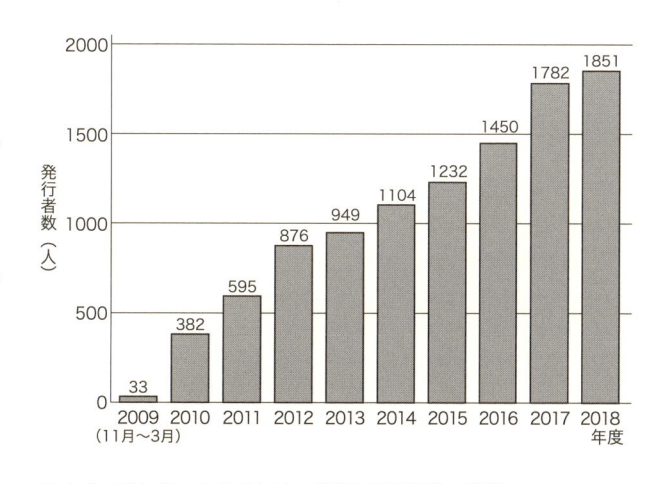

図4·2　びわ湖一周サイクリング認定証発行数の推移

5 サイクリングコースを作る

「**2** 地域の特性や魅力の分析」（p.38）で解説した地域の魅力の洗い出しができ、どのような人を対象にするかのターゲット設定ができたら具体的なコース作りに取りかかろう。この節ではおもに、二次交通^{用語9}に課題があり、かついわゆる人気の高い（知名度がある）観光資源を有していない地方でサイクリストを呼び寄せ、さらに層を拡大させていくことを念頭に、コース作りのうえで留意する点を解説する。

（1）コース作りの際に留意する点

① 地元のサイクリストに聞く

ロードバイクブームで今はほぼ全国どこにでもサイクリングを趣味とする自転車好きがいる。サイクリング歴の長い人ならその一帯のサイクリング情報に詳しいはずである。各地域ですでに定番のコースがある場合も多い。スポーツバイクを中心に扱っている自転車店があれば訪ねてみると、たいてい一緒にサイクリングに行ったり、レースに参加するためのチームを持っている。また、各地にサイクリングクラブも存在する。自分たちの地域にそれらが存在しない場合でも近隣のまちで探してみるとよい。サイクリストの行動範囲は広いので、近隣地域の情報にも詳しいはずだ。また、地域の自転車好きとつながりを作っておくと、サイクルツーリズムの施策をさらに進めていくうえでも大きな力になってくれるはずだ。

ただし、自転車好きが勧めるコースは、上級のサイクリスト向きのものだったり、走ることだけに焦点を当てて地域経済の振興につながりにくいものであ

る場合もある。地域のサイクリスト以外の意見を取り入れたり、以下の項目を参考にしながらさらに検討を行う必要がある。

逆に、地域振興などの目的で各地域の事情に配慮することを第一にコースを作ると、サイクリスト目線からは魅力に欠けるものになることがある。コース作りの際には、経験豊富なサイクリストによる監修が必要だ。できればサイクリストとしてだけではなく、地域振興との両面から見られる人を監修者に起用したい。

② テーマを決める

洗い出した地域資源の内容を元に、それを端的にアピールできるようなテーマをコースごとに決めよう。「4 サイクリストを惹き付けるもの」(p.48) で解説したそれぞれの項目も参考にしてほしい。ここで、いかにサイクリストに魅力を感じてもらい、かつその地域のイメージに合い、アピール力のあるテーマを設定するかが重要だ。わかりやすいのは「○○一周」「○○街道」。歴史をテーマにするなら「戦国武将○○の足跡をたどる」なども考えられるし、「おすすめスイーツめぐり」などでもよい。

③ 自転車の実力を侮らない

スポーツバイクに乗らない人は、つい一般自転車の感覚で、「そんなに坂がきつい所や遠い所に自転車で行けるはずがない」などと考えてしまいがちである。実際にはすでに述べたように、坂がきつい所やたどり付くのが困難な所をむしろ好んで走るサイクリストは多く、道さえあれば自転車で行けない所はないと思ってよい。もちろん地域振興のためには、さまざまな所に立ち寄りながらもっとゆっくり走ってもらう必要がある。将来的にはサイクリング客の層を広げ、ドイツのように 1 日 60 km 程度の走行距離の人を増やすことを念頭に置きつつ、現在のところ多くのサイクリストは 1 日 100 km 程度の走行距離を望んでいるのだということを理解してコースを作る必要がある。さらにそのような人に宿泊してもらうためには、数百キロのコースが必要だということだ。

④ 道を第一に考える

もうひとつ犯しがちな間違いとして、まず観光客に人気であったり人に来て

もらいたいスポットを挙げ、それらを最短距離でつなぐコースを作ることが挙げられる。

　サイクリングの醍醐味は美しい景色を見ながら走ることであり、いかに走って楽しい道をコースに組み込むかが第一である。極端な話、道さえあれば一般的に考えられる観光スポットがない場所にも人を呼び寄せられるのがサイクルツーリズムの利点である。たとえば、山間地をぐるっと回って帰って来られる道があるとする。特に途中に一般に言われるような見どころはない。しかし、クルマはほとんど通らず、自転車では走りやすい。この日本では、ほぼどんな山奥でも昔から人が住み、その地域特有の歴史や文化がある。また、そんな所だからこそ、山々や川、田んぼ、昔ながらの集落など景色そのものが魅力的な観光スポットとなりえる。遠回りになってもいい。むしろ遠回りや寄り道こそがサイクリングの魅力である。そしていかにその地域ならではの自然、歴史、文化にスポットを当て、人を引き込むかに知恵を絞る必要があるのである。

　実際にどんな道を選べばよいのかは次項「(2) おすすめの道」で解説する。

⑤ 危険な所を避ける

　サイクルツーリズムを進めるうえで一番怖いのはやはり事故である。事故は当事者の命を奪うことがあるだけでなく、地域にとっても大きなイメージダウンとなる。完全に避けることは不可能だが、できる限りの対策は行っておく必要がある。交通量が多く路肩もないような自転車にとって危険な道、危険な交差点、狭いトンネルなどは遠回りになってもできるだけ避ける。どうしても避けられない場合は、マップ上や標識、路面標示で注意すべき場所を明記する。場合によっては歩道の押し歩きを指定する。そして、道自体の改善をできるだけ早急に行う必要がある。

⑥ 周辺自治体とつなぐ

　地域振興を目指すためのサイクリングコースは、地域の自治体や観光関連の団体が作る場合が多い。そのため自治体内や観光団体の管轄エリアで閉じたコースが作られるのが一般的である。しかし、サイクリストには自治体の境など関係がない。1 日 100 km 程度走るサイクリストなら都府県境もすぐに越え

てしまう。むしろ必要なのは、近隣の自治体とコースを積極的につなぎ、各地からやって来たり、広域で回遊するサイクリストを増やすことである。コースがつながっているからこそサイクリング客は遠くからでもやってくるし、国全体がサイクルツーリズムの恩恵にあずかれるのである。「**14** 広域のネットワークをつくる」（1）事例2、3（p.135）で紹介する愛媛県・広島県等の取り組みもよい例である。

⑦ 湖は反時計回り、島は時計回りが基本

　自転車は日本では道路交通法で車道の左端を走るものと定められている。湖を回るときは反時計回り、島を回るときは時計回りで走ったほうが水際に近い所を走れ、景色も良く、交差する道も少なくなるので安全であり、スムーズに走れる。琵琶湖でも反時計回りを勧めており、それを前提にインフラの整備を進めている。実際に一周する人の87%が反時計回りである。

　また、湖周遊以外でも反時計回りのコースにしたほうが交差点での右折が減り、スムーズな走行と危険の減少につながる。ただし、コース上の他の要素によってもどちら回りにすればよいかは変わってくるため、必ずしも反時計回りにすべきというわけではない。

(2) おすすめの道

　自転車は、交通量の多い幹線道路ではなく、多少狭くても交通量の少ない裏道のほうが走りやすいことが多い。また、幹線道路に自転車レーンが併設されていても、クルマが高速で走り抜ける横を走っていたのではリラックスしてゆったりサイクリングを楽しむことはできない。（ただし、長距離・スピード指向のサイクリストには、スピードを優先して幹線道路を好む人もいる）。

　一方、地域振興のためには、ときには途中で止まって景色を楽しみながら、ゆっくり時間をかけて走ってもらい、長時間滞在してもらうことが必要である。そのためにも幹線道路はできるだけ避け、裏道を中心にコースを組むのがよい。ただし、集落の中の狭い道を通る場合は、自転車が高速で走り抜けるとそこに住む人にとって迷惑になる場合もあるので要注意である。地域の意向も確認し

たうえでコースを設定する必要がある。ゆっくり走る人は集落の中を、速く走りたい人は並行する幹線道路を走ってもらうなど、スピードによってコースを分けるのもひとつの手段である。

　一般的にサイクリングに適した道は次のとおりであり、これを念頭にコースを考えていくのがよい。

① 水際の道（海岸、湖岸、川沿い）

　水際の道は景色がよいことが多い。また、交差する道が少なく安全であり、かつスムーズに走れる場合が多い。公園として整備されている場合も多く、歩行者との錯綜に注意が必要であるが、ゆっくり景色を見ながら走るサイクリングに適している。河川敷や堤防上にはすでにサイクリングロードが整備されている場合もあり、また一般車両の進入が規制された河川管理用道路がある場合はそれを整備し直し、サイクリングロードとすることも考えられる。

② 古くからの道

● 旧街道

　旧街道はかつての幹線道路だが、現在の基準では道幅が狭く周囲に建物があって拡幅もできない場合が多い。そのため並行して新しい道が整備され、旧道は昔ながらの姿を留めている所が多い。都市部では幹線道路の抜け道として利用されていることもあるが、おおむね交通量も少なく、自転車にとっては十分な道幅で走りやすいことが多い。昔ながらの集落の景色を眺めながら走ることができ、途中に歴史的な見どころも多いなどゆっくりサイクリングするのに適した道である。「〇〇街道」という名称も走ってみたい気持ちを起こさせる。

　「〇〇街道」の名が付いていない所でも、地図上で見てゆるやかに曲がりながら比較的長く続く道は昔からの道であることが多く、旧街道と同じような特徴を備えていることが多い。

　ただし、注意しなければならないのは、たいてい所々拡幅されて現在の幹線道路の一部になっており、旧道が途切れ途切れになっていることである。幹線道路と合流する部分のコースをどう処理するかが問題である。厳密に旧街道に沿うことにこだわらず、幹線道路になっている部分は別の裏道に迂回するなど

の工夫が必要である。

　多くは生活道路を走ることになるため、地域住民との摩擦が起こらないよう宅地（集落）部分についてはサイクリストへの注意喚起などを徹底する対策とあわせてコースに組み込む必要がある。詳細は、「**17** ルールとマナーの啓発」(p.162) をご覧いただきたい。

● バイパスができた後の旧道

　上記の旧街道もこれに相当するが、それ以外にもたとえば峠道に新しくショートカットするトンネルができ以前の道がクルマがほとんど通らない旧道として残っている場合、集落を避けるバイパスができて集落内の道の交通量が減った場合などである。これらの道も自転車にとって走りやすく、景色が良かったり、昔ながらの集落内を走れるなど、サイクリングに適した道である。京都市内から日本海沿いの小浜市に向かう国道 162 号、別名周山街道は、京都市内からかやぶきの里で有名な南丹市美山町に向かうメインルートでもあり、サイクリストが多い道である。その途中の景勝地である栗尾峠は、その下を抜ける京北トンネルが 2013（平成 25）年に開通し、旧道が自転車歩行者専用道路となって、サイクリストに人気のスポットとなっている。

③ 最近作られた道

　近年整備された道は、路肩が広かったり、自転車通行帯が整備されるなど自転車の走行に配慮されていることが多い。ただし、日常の生活で使用するにはよいが、たいてい走って楽しい道とは言いがたいため、サイクリングコースとしては補助的に利用するのがよい。

④ すでにある自転車道

　1972（昭和 47）年に自転車を「安全かつ快適に利用できる環境を作ろう」という理念を掲げ、自転車関係団体を中心とする 21 の公益団体等が「バイコロジーをすすめる会」を設立した。「バイコロジー（Bikecology）」[5] とは自転車の Bike と生態学・エコの Ecology との合成語である。全国各地に「○○県バイコロジーを進める会」等の名で地域組織が設立され、各地にバイコロジー自転車道が整備された。今では半ば忘れ去られ、放置され走行不能になってい

る所も中にはあるが、このようなかつて作られたサイクリングロードに再度光を当て、新しいコースの一部として活用することも考えられる。

(3) 自転車での実走調査

　サイクリングコースを設定する際には、全線を自転車で実走調査する必要がある。自転車で走ったときの感覚と、クルマで走ったときの感覚はまったく違う。クルマなら何でもない坂が、自転車だとかなりきつく感じられることがある。クルマでは何の問題もない交差点が、自転車だと渡れないこともある。道のアスファルトの部分と溝のコンクリートの部分の間の段差や、溝の蓋が自転車にとっては非常に危険なこともある。これらはクルマで走っていてはわからない。

　サイクリングコースづくりのための実走調査によって自転車にとっての道の問題点が明らかになり、改善の必要がある点が見えてくる。多くのサイクリストを迎えるためには、その問題点を一つひとつ改善していく必要がある。道自体の改修や、新しく信号や横断歩道、川を渡る橋を設置する必要がある場合も出てくる。

＊

　ところで、サイクリングコースにぜひ組み込みたいと思うような、走って楽しい地域の景観、特に日本各地の農山漁村の景観は、その地域で農業、林業、漁業など生業を営む人たちによって作られてきたもので、それを維持するには都会の人間には想像できないほどの膨大な手間がかかっていることを肝に銘じておく必要がある。これらの産業を維持していかなければ、旅行者にとって魅力ある景観も失われてしまう。スイスでは、農業、牧畜を維持していくために、莫大な補助金が支出されている。しかし、それが美しい景観を維持することにつながり、世界中から旅行者を呼び寄せ、スイス全体の経済にも貢献しているのだ。

　サイクルツーリズムを進めるには、単にサイクリストや旅行者を呼び寄せるだけでなく、農業、林業、漁業を振興し、地域の文化やアイデンティティを維持・発展させるための総合的なまちづくり施策が必要になってくるのである。

2

始める、拡げる

6 サイクリングマップ、ガイドブック

　知らない場所をサイクリングする際に地図は必須である。また、地図を見ると行きたい気持ちが湧いてくる人も多く、広報手段としても有効である。

　近年サイクルツーリズムに取り組む地域が増え、全国各地の自治体や観光関連団体がサイクリングマップの制作を行い、無料配付を行っている。サイクリストは常におすすめコースの情報を求めており、自転車関連の展示会等でも配布物としてのサイクリングマップは人気がある。

　ただし、簡単な地図にコースの線を引いただけのものが「サイクリングマップ」として配付されている場合もある。サイクリングマップと称するからには、まずそれを見ただけできちんとコースを走れ、見どころ等も網羅されていて楽しめるもの、また、走行中の安全にも配慮し、サイクリストが必要とする情報を網羅したものにしたいものである。

　また、サイクリングに熟練し、サイクリストの目線に立ってコースの評価をできる人がコースを作成し、全コースの実走調査を行って、注意する場所等を抽出し、マップの上に明記することが必要である。

　サイクリングマップは、初心者も使うものなので、「自転車は原則車道の左側」等、自転車の交通ルールの基本も必ず掲載したい。

（1）紙の地図か電子地図か？

　最近はスマートフォンの地図を使って走っている人が多い。Google マップを始めとする地図アプリやウェブマップなどの電子地図と紙の地図の特徴を比較すると表4・1のようになる。

　電子地図は携帯性に優れており、その特徴である拡大・縮小の容易さや

GPS による現在位置の把握は紙の地図では不可能である。また、インターネットからダウンロードが可能で、配付の手間や費用があまり必要ないことも利点である。

しかし、画面が狭いためコース全体の把握はしにくい。また、詳しい地図にしようとするとGoogle マップ等の既存のウェブマップに独自情報を追加して使用することになるため、デザインや情報の掲載形態に制約がある。

紙の地図は、大判の１枚もので作るとコース全体の把握がしやすく、コース周辺の見どころも掲載すれば、それも自然と目に入るので立ち寄りを促すことにつながる。

ただし、携帯性や、広げて見なければならない、情報量が紙面に制約される、印刷してその物自体を配付する必要がある、など物理的な制約があり、印刷や配付にも費用がかかる。

それぞれ長所と短所があり、それを補い合うために、多くのサイクリストは双方を使用している

表4・1　電子地図と紙の地図の比較

	電子地図	紙の地図
携帯性	○	△
走行途中での見やすさ	○	△
拡大・縮小の容易さ	○	×
現在位置の把握	○	×
コース全容の把握のしやすさ	△	○
地図デザインや情報掲載の自由度	△	○
配付の容易さ	○	△

(2) 紙の地図での留意点

自転車は、幹線道路より多少狭くてもクルマの少ない裏道のほうが走りやすいし走って楽しい。すでに述べたように、裏道を優先してコースを作るのがよい。幹線道路だけなら大雑把な地図でも走れるが、裏道は複雑なことが多いため、そこを走るには細かい道まで網羅した詳しい地図が必要になる。１枚ものにするなら、掲載範囲にもよるがA1 版など大判のものが必要になる。

サイクリングガイドブックにとっても地図は必須である。大判の地図を挟み込んだり、ページのサイズに分割して地図を掲載することになる。大判地図とページに分割した地図を比較すると、一覧性は一枚もののほうが優れるが、走行途中での見やすさはページもののほうがよいなど、これも一長一短があり、どちらがよいとは一概に言えない。自治体や観光協会が無料配付しているサイ

クリングマップの場合は、コストの制約もあって1枚ものが一般的である。

　サイクリングマップの縮尺は、3万分の1から5万分の1程度がもっとも使いやすい。市街地ではさらに大きな縮尺の拡大図が欲しい。縮尺が小さいと交差点など細かい所が把握できなくなりその地図だけでは走れなくなる。大きい縮尺の場合は自転車で走るとすぐに地図の範囲外に出てしまう。もっともコース全体を1枚の地図に入れる必要があるため、小さな縮尺にせざるを得ない場合も多い。その場合は電子地図や他の道路地図などを併用してもらうことになる。

　折ったときの地図のサイズは携帯性を意識したい。かつてサイクリングする人は自転車のハンドルの前に付けるカバン、フロントバッグを付けていた。その上に地図入れが付いていて、走行途中に見るにも便利だったのだが、近年は自転車にはカバンを付けないのが一般的になっている。ヨーロッパではハンドルに取り付ける地図ホルダーが売られている。現在の上級サイクリストの多くはサイクルウェアを着ている。動きやすくペダリングの妨げにならないように、汗が乾きやすく、風の抵抗が少なくなるように身体にフィットしたウェアである。スポーツバイクは前傾姿勢で乗るため、前にポケットがあってそこにものを入れると邪魔になる。そのため背中にポケットが付いている。一般的に左右に3つのポケットが並んでおり、それぞれの横幅は11cm程度。そこに入るサイズの地図だと携帯しやすい。しかし、A1版など大サイズの紙をこのサイズに折ろうとすると、それに対応した特殊な紙が必要になりコストがかかる。また、雨に濡れたときのために防水性の紙を使ったほうがよいが、これもコストがかかるため、予算と相談して折り合いを付けることになる。

　ガイドブックの場合は、持ち歩きやすさと見やすさを考えると、A5版ぐらいがちょうどよい大きさとなるだろう。サイクルウェアのポケットに入るサイズにまで小さくするのは無理がある。ただし、地図を別刷りにしてガイドブック自体は持ち歩かないことを前提に、もっと大きなサイズにすることも考えられる。

　なお、紙の地図を製作した場合、ぜひPDFにしてウェブでもダウンロードできるようにしたい。家庭用プリンタで印刷する場合に便利なように、A4版やA3版に分割したものも用意してあると親切である。

（3）マップに必要な掲載情報

　マップに掲載するのが望ましい情報でサイクリングマップならではのものは以下のとおりである。ただし、地図の縮尺やスペース、その他の理由で掲載情報を限定する場合もある。口絵 37（p.25）「『ちずたび　びわ湖一周自転車BOOK』の地図の一部」、口絵 38（p.25）「地図の凡例」も参照いただきたい。電子地図でも必要とされる情報は同じである。

① スポットの情報

● 見どころ

　走るためだけになら不要だが、立ち寄りを促すためには必要である。ガイドブックではこれが掲載情報のメインになる。さまざまな見どころの情報を掲載し、行ってみたい、立ち寄りたい気持ちをかき立てる必要がある。掲載情報を選ぶ際にはサイクリストの目線が重要になる。たとえば、景色のよい所や眺めがよい所、峠などはサイクリスト向けならではのスポット情報である。地元の人しか知らないような知る人ぞ知るスポットも喜ばれる。逆に見学に長時間を要する施設はサイクリング途中のスポットとしてはあまりふさわしくない。

● おすすめの飲食店

　自治体制作のマップでは、平等性の観点から個別の店は掲載できないことも多いが、見どころ同様立ち寄りを促すためにぜひ欲しい情報である。やはり、疲労回復に効く、ガッツリ食べられるなどサイクリストならではの目線が欲しい。また、その地域ならではのものが食べられる店が喜ばれる。あえて不便な場所にある店を紹介するのもよい。その特別感から行ってみたい気持ちをかき立てるからである。

● レンタサイクル店

　サイクリング初心者向けにはぜひ必要な情報である。扱っている車種、営業時間、料金などの一覧もあるとよい。

● 自転車店

　パンクなどのトラブルの際に駆け込めるようにするためである。一般自転車だけを扱っている自転車店では、スポーツバイクの修理はできることが限定さ

れるので、扱っている自転車の種類の情報があればなおよい。

　注意点としては、個人営業の小さな自転車店だと、地域の人に対する対応で精一杯で、サイクリング客が来ることを望んでいない所があることである。一軒一軒に掲載の可否を確認する必要がある。

● 公衆トイレ

　トイレはあってもカギが掛けられていて実際には使えない場合もあるので要注意である。

● コンビニエンスストア

　トイレを借りる、飲み物・食べ物を買う、などのためにサイクリストはよくコンビニエンスストアに立ち寄る。ただし、縮尺の小さいマップだと数が多すぎて掲載しきれない場合もある。また、『ぐるっとびわ湖サイクリングマップ』では、サイクルサポートステーション（「**11** サイクリング支援ステーション」p.110）として登録している店以外は差別化のためあえて掲載していない。

● 温泉・銭湯

　自転車で走ると特に夏場は汗をかく。クルマに自転車を積んで、または輪行[用語7]で来ている場合は帰る前に汗を流してさっぱりしたくなる。

② 道の情報

● 注意する所

　危険な交差点、道を間違えやすい所等はそれを表す記号と共に何が問題なのかを明示しておく必要がある。道がややこしい所は拡大地図、間違えやすい分岐はそこの写真を掲載し、どちらに進むかを明示しておくとわかりやすい。

● 走りにくい所

　「注意する所」とも関連するが、道が狭い所、クルマが多い所、舗装状態がよくない所、石畳など普通の舗装でない所などはその区間を記載しておくとよい。

● 坂の情報

　自転車にとって坂の情報は重要である。坂を避けたい人もいれば、上級者にはあえてきつい坂に挑む人もいる。いずれにしても気持ちの準備をしておくためにも、あらかじめどこにどの程度の坂があるのかは把握しておきたいもので

ある。本来は3次元である坂道や標高の情報を二次元である地図の上に表示しようとすると、どうしても制約が出てくる。少しでもわかりやすくするため複数の表現方法を同時に使用するのがよい。

表現方法としてはまず等高線。どのあたりに山があり、どの程度険しいのかがわかりやすくなる。登山地図のように標高によって色分けなどされているとさらにわかりやすい。Google マップなどの電子地図は等高線の掲載が限定的で坂道の把握がしにくいのが欠点である。

また、道の勾配の表示には口絵33（p.24）に示す不等号のような記号で坂道を表す方法をおすすめする。不等号が狭まった方向に登ることを示し、数が多いほど坂がきついことを表す。元々ヨーロッパのサイクリングマップで使われている記号である。

また、アップダウンのあるコースに対しては口絵32（p.24）のような標高グラフもあったほうがよい。このようなグラフはサイクリストの間では「プロフィールマップ」と呼ばれる。

● 区間距離

自転車で走っていると、どれだけ走ったのか、次のポイントまでどのくらいの距離があるのかが気になるものである。そのため、コース上の代表的なスポットや交差点間の距離を掲載しておくと親切である。口絵34（p.24）にその掲載例を示す。

(4) 紙の地図、ガイドブックの事例

以下、紙の地図やガイドブックの事例を紹介する。電子地図については「**13 その他サイクリストが求めるサービス**」(4)（p.128）で「ビワイチサイクリングナビ」を採り上げているので参照していただきたい。

事例1 『**ちずたび　びわ湖一周自転車 BOOK**』

輪の国びわ湖推進協議会が制作、2016（平成28）年6月に西日本出版社から出版した琵琶湖一周サイクリングのガイドブックである。

持ち歩きやすいように A5 版で 128 ページ。特徴としては、まず琵琶湖一

表4・2 『ちずたび　びわ湖一周自転車 BOOK』の内容

- びわ湖一周の基礎知識
  （どれくらい時間がかかる？　どんな自転車がいい？　等）
- ビワイチコースの解説と途中のスポット紹介
  （観光スポット、おすすめの店等）
- 街道めぐりコース（東海道、中山道）の解説と途中の
  スポット紹介
- 地域の味わいコースの解説と途中のスポット紹介
- びわ湖に生きる人（人紹介）
- コース地図
- 輪の国びわ湖協賛ショップの紹介
- 自転車店・レンタサイクル店リスト

周コースに加えて、東海道・中山道の街道コース、そして滋賀県の各地でサイクリングツアーの実施など地域振興の活動をする人たちが調査して作った複数のおすすめコースを「地域の味わいコース」として紹介していることだ。地域での活動のバックアップをしていこうというのもこのガイドブックの目的のひとつである。

　琵琶湖一周コースは、裏道を中心に家族連れなどゆっくり走る人に適したファミリーコース、幹線道路を中心にスピードを出して走りたい人向けのハイスピードコースの両方を地図上に掲載している。これは、狭い集落をスピードを出して走り抜ける自転車を減らすためでもある。

　また、「びわ湖に生きる人」として自転車店、レンタサイクル店、民宿などを運営し、琵琶湖一周サイクリング中に会いに行ける人の紹介ページも設けている。

　地図は、地域ごとに分割し、38 ページに渡って掲載している。縮尺は 5 万分の 1 を基本とし、市街地などは、2 万 5 千分の 1 や 1 万 5 千分の 1 の拡大図を掲載している。自転車店、レンタサイクル店リストは、滋賀県内のすべての店にアンケートハガキを送り、掲載の可否を確認、レンタサイクル店なら取扱い車種、自転車店なら修理ができるか、スポーツバイクの購入相談に乗ってもらえるかについても掲載している。

　口絵 38（p.25）に『ちずたび　びわ湖一周自転車 BOOK』の地図ページの凡例を示す。コース途中の道が歩行者・自転車道なのか一般道なのか、琵琶湖岸に多くある東屋風休憩所の位置、サイクリストの多くが使っている自転車用ボトルに水を補給するための湧き水・井戸水の場所等も掲載しているのが特徴である。

事例2 『しまなみ島走BOOK』

　NPO法人シクロツーリズムしまなみが制作、2013（平成25）年に初版を出版した、しまなみ海道サイクリングのガイドブック（口絵36 p.24）。A5版144ページで、2019（令和元）年8月現在「改訂版Ⅳ」が発売中である。

　第一の特徴は、同NPOのポタリングガイドでもある宇都宮一成氏のキャラクターを前面に出し、「なりちゃんのおすすめ」として、宇都宮氏自身の言葉で、単なる観光地の紹介ではなく、一見何でもない島の日常風景や人々の中からその地域ならではの面白さを見付け出し紹介していることだ。まさにサイクルツーリズムならではの視点であり、島の人々と共に積み重ねてきた活動と、島のほぼすべての道を自転車で実走調査した成果があってこそのものである。

　マップは各島ごとに見開きページで掲載されており、しまなみ海道のメインルートだけでなく、島の全域の見どころ、坂道、区間距離、注意点などの情報が掲載されている。このようにすることで、一度メインルートを走って終わりではなく、「次はここへも行ってみたい」と思わせ、何度も通ってくれるリピーターの確保につながる。

事例3 『ぐるっとびわ湖サイクリングマップ』

　滋賀県が発行する公式マップで、輪の国びわ湖推進協議会を母体に設立した一般社団法人輪の国びわ湖が受託して制作を行ったものである。日本語版、英語版、中国語繁体字版がある（口絵39 p.25）。A1版でたたむとA5版。本来ならもっと小さくたためたほうがよいが、制作コストを優先してこのようにしている。縮尺は10万分の1で、内容的にはマップに加えて、琵琶湖一周の基礎知識、レンタサイクル店リスト等『びわ湖一周自転車BOOK』の縮小版である。加えて、琵琶湖の湖岸から離れて滋賀県全体をめぐるための「ビワイチ・プラス」8コースの紹介と見どころ案内、県が認定するサイクルサポートステーション（「11 サイクリング支援ステーション」p.110）の情報を掲載。また、県内をくまなくめぐってもらうため、ウェブ上にある県内各地のサイクリング情報や観光情報のページへのリンクをQRコードで掲載している。

2. すぐれたサイクリングマップ

ドイツで大きな書店に入り、地図のコーナーに行くと、販売されている地図のうち1、2割はサイクリング用である。ドイツ国内を地域ごとに分割した詳細なサイクリングマップが何十冊ものシリーズになったものが数社から販売されており、ドイツ全土を網羅している。それ以外にも地域や都市独自に作られているものも多くあり、それらがずらりと並んで書店に展示されている（口絵17 p.20）。ヨーロッパと言えども書店で普通にサイクリングマップが販売されているのは、ドイツ、スイス、オランダくらいである。ドイツの地図の充実度はその中でも群を抜いている。そのことからも、ドイツのサイクルツーリズムがヨーロッパでももっとも進んでいることがわかる。

地図の形態は、リング綴じの本の形式になっているものと、1枚ものに大きく分けられる。

リング綴じ形式のものでもっとも多く出版されているのは、オーストリアのエステルバウアー社の bikeline シリーズである[47]。まず、シリーズ全体のコースを解説したA5版635ページにも及ぶ「Radfernwege Deutschland（ドイツの長距離自転車道）」という本がある（口絵18 p.20）。全143コースについて、コースごとの観光案内と概略地図が掲載されており、その1コースごとにリング綴じのガイドブックと地図がひとつになった本が出版されている。1コースの距離は80 km程度から長いものでは千kmにも及ぶ。なお、bikeline シリーズの範囲はドイツだけでなくスイス、オーストリア、オラン

ダ、フランス、デンマーク、スペイン、イタリア等にも及びリング綴じの形式のものだけでも合計300種近くが出版されている。

リング綴じガイドブック（口絵19 p.20）のサイズは、縦12 cm、横23 cmで、自転車のフロントバッグ（ハンドルの前に付けるカバン）上の地図入れに入るサイズになっている。1冊につき80～160ページ。価格は13.90ユーロ（約1700円）。ページを開いていくと、スタート地点から順に観光案内と、赤または紫の線でおすすめコースが引かれた地図が、ページごとに分割されて掲載されている。サイクリングの際には、自分が進むのに応じてページをめくっていけばよい。リング綴じになっているのは、ページを開いた状態でもそのままカバンに入れられるためである。地図の縮尺は5万分の1もしくは、7万5千分の1。筆者の経験上からも、サイクリングにもっとも使いやすいと思われる縮尺である。市街地については拡大地図も掲載されている。用紙はビニール張りの防水になっており、携帯GPSで使用できるルートデータがダウンロードできる。

1枚ものについては、後述するADFC（全ドイツ自転車クラブ）の公式地図となっているBVA社のものについて見てみる[48]。まず『ADFC 自転車ツアー地図（ADFC-Radtourenkarte）』（口絵20 p.21）として、ドイツ全土を分割して27種のシリーズにした地図が出版されている。900 mm×680 mm程度のサイズの紙に掲載範囲が表裏に2分割して印刷されている。折ったサイズは225 mm×120 mmであり、これもフロント

バッグの地図入れに入るサイズになっている。地図の縮尺は 15 万分の 1 であり、実際のサイクリングに使うには道の細かい所までわからず、もっと大きな縮尺のものが欲しくなる。自分が走りたい地域のおすすめルートの概略をつかむためのものだと思っておいたほうがよいだろう。これに加えて、『ADFC 地域地図（ADFC-Regionalkarte）』（口絵 21 p.21）全 80 種が出版されており、ドイツの 8 割程度の地域をカバーしている。地図のサイズは『ADFC 自転車ツアー地図』と同程度だ。縮尺はサイクリングに使いやすい 5 万分の 1 もしくは 7 万 5 千分の 1 である。

価格は両地図共に 1 部 8.95 ユーロ（約 1,100 円）である。

Bikeline シリーズ同様ビニール張りの耐水性のある紙を使用しており、携帯 GPS で使用できるルートデータもダウンロードできる。

リング綴じのものと 1 枚ものの形態以外の大きな違いは、リング綴じのものは 1 冊で 1 コースの掲載であるのに対して、1 枚ものは 1 本のコースではなく、掲載範囲の複数のおすすめコースが地図上に網の目のように描かれていることである（口絵 21 左下の図 p.21）。これは、出版社が変わっても同様である。なお、出版社が異なっても掲載されているコースは似通っているが、細かく見ていくと異なっている部分も多く、同じ情報を使用しているのではなく出版社ごとに独自に調査していることがわかる。

「ADFC 地域地図」の凡例に掲載されている、一般の地図にない独自の情報は下図のとおりである。

サイクリングルートが車道と独立しているか、独立していない場合はその交通量、路面の状態など、道の状況が重視されていることがわかる。

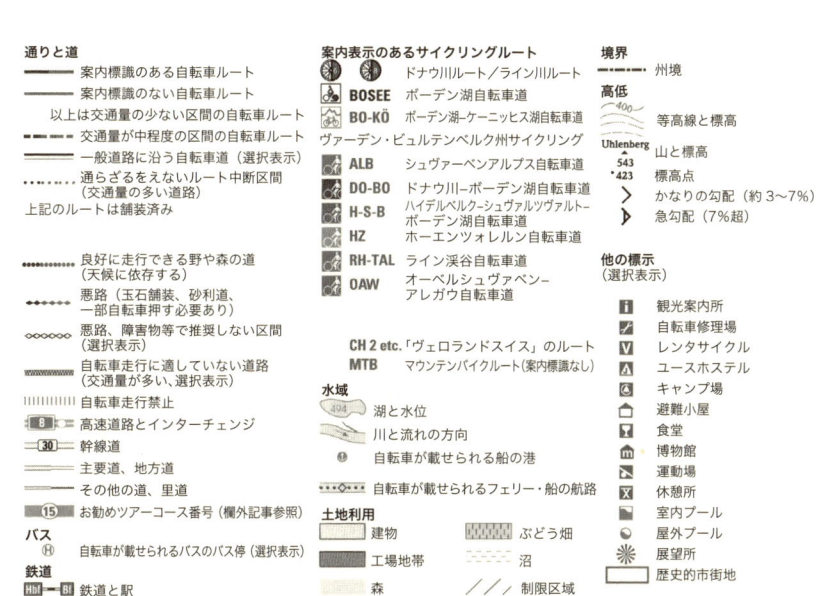

ADFC 地域地図『ボーデン湖』の凡例の一部を日本語に訳したもの　サイクリングマップとして特徴的な項目のみ選択して掲載。道の状態が詳細に分類されていることがわかる。

7 レンタサイクル

すでに乗り慣れたサイクリストであれば、愛用の自転車を持って（あるいは自走で）その地域にやってくる。しかし、それほど乗り慣れていない人や自転車を持って来るのを面倒に思う人、さまざまな自転車を試してみたい人は、現地で自転車を借りて地域を回りたいと考える。実際にしまなみ海道でサイクルツーリズムを楽しむ客の4割以上がレンタサイクルを利用している。

サイクルツーリズムを地域で進めるには、サイクリングに適した自転車を、コース全体をカバーするようにレンタルできる仕組みを準備したい。

(1) サイクルツーリズムに合うレンタサイクルの条件

① 車種、グレード

自転車でツーリズムを楽しむためには、相応の走行性能を持った車体である必要がある。シティサイクルは長時間の走行には向かないし、スポーツバイクのように見えても安価なものは長距離を安定して走れるようには設計されていない。スポーツバイク専門メーカーによる高品質な走行を保証された自転車を取りそろえたい。

車種としては、乗り慣れた人やより長距離走向けにはロードバイクを、初中級者向けにはクロスバイクを、未舗装路を走る場合はマウンテンバイクを揃えるとよいだろう。スポーツタイプの小径車は比較的短距離のまち乗りに適している（※車種についての詳細は p.14 を参照）。長距離の走行を想定していない平坦で短いプランのサイクルツーリズムの場合はシティサイクルでもよいが、それなりの走行性能を備えた、変速機つきで軽い車体の自転車を準備しよ

う。BAA マーク用語10 や SG マーク用語11、JIS マーク用語12 がついているものなど、安全基準に達していることを保証されたものを選ぶようにも気を付けたい。

② その他の車種

サイクリング体験を求める人には多種多様なニーズがある。

●子ども対応

親子でのサイクリング客に備えて、複数サイズのジュニア用の自転車も準備したい。自力走行がまだ難しい子ども連れのためには、チャイルドシートやチャイルドトレーラー（口絵4 p.18）のように子どもを載せて走るのに適切なタイプの自転車やオプション装備もあるとよい。

●タンデム自転車（2人乗り自転車）

条例によってタンデム自転車の公道走行が認められていない地域も多いため、まずはその地域での走行が可能であるかを調べよう。

タンデム自転車は普通自転車に比べ車体が前後に長く、扱いには多少の注意を要する。前後席のペダルが連動しているため、突然発進したり急にペダルの回転を止めたりしないよう、前の人が後ろの人に声をかけ、息を合わせてこぐ必要がある。段差や車止めなど、道路整備状況によってはタンデム自転車で走ることを推奨できない地域もある。歩道通行もできない。貸し出す際には試験乗車と、タンデム自転車の運転における固有の注意点を入念に伝えることが必要だ。

●電動アシスト自転車

電動アシスト自転車は、体力に自信のない人や、坂の多いルートでも無理なく走行することができるため、サイクルツーリズムの可能性を広げることができる。電動アシスト自転車のうちスポーツタイプの車種を一般的にe-Bike(イーバイク) と呼ぶ。

普通自転車とは少し動作が異なる電動アシスト自転車は、日ごろ乗り慣れていない人に貸し出す際には操作性についての説明がいる。ペダルに足を乗せるとアシスト力が働くため思わぬ加速をしてしまうことがあり、乗りこなしには若干のコツが必要になる。集団走行では気を付けないと追突事故につながる可能性がある。普通のシティサイクルでやりがちな、ペダルに足を載せてから乗

る方法や「立ちこぎ」も危険だ。

　また、レンタサイクル店からスタートして同じ場所に戻る短時間のサイクリングはよいが、宿泊を伴ったり長距離を走ったりする場合には、途中で充電できる仕組みを整えなければならない。メーカーや製造年によって充電器の形式も違うので、準備しなければならない機材も多い。

　導入の際には、シティサイクルと同様に安全マークがついているものを選ぶようにも注意する必要がある。

③ メンテナンス

　レンタサイクルの自転車は安全な状態で貸し出さなければならない。整備が不十分な車体では最悪の場合、乗り手の命に関わる事故につながる可能性がある。半日以上利用された自転車は、次回に貸し出すまでには自転車技士[用語13]や自転車安全整備士[用語14]の資格を持った人かそれに準ずる技能を持った人が整備をするようにしたい。短時間の利用であっても、次に乗る人にストレスがない状態に整えておくため、返ってきたら最低限のチェックを行えるようなスタッフが常時待機している体制が理想的だ。

④ サービス態勢

● コンシェルジュ

　まず第一に、お客の体格に合わせたサイズの自転車を貸し出す。わずかな大きさの差であっても身体に合っていなければ、余計な疲れや痛みを感じることがある。

　車種についても、申し込みに対して希望どおりのものを貸し出すことが必ずしもよいとは限らない。たとえば高性能なロードバイクの利用を希望されている場合でも、メディア等の情報から憧れた車種に乗りたいと思っているだけで、実際の長距離走行やスポーツバイクに乗った経験がほとんどないという場合もある。申し込み時の会話の中などから、お客が普段どのような乗り方をしている人か、今回の旅では何を目的としているのか、どんな乗り方を望んでいるのかを聞き出し、その人にあった最適なプランを提示して、適切な自転車を貸し出すことを心がけたい。

また、地域を一気に駆け抜ける計画を立てている人には、その地域の魅力をお伝えし、おすすめの立ち寄りどころを紹介するなど余裕のある行程によって旅の価値を上げることを提案したい。こういったきめ細やかな対応によって顧客満足度が上がると共に、不必要に車体を傷めることも減るだろう。

● 貸出時案内

いざお客を送り出すときには、自転車の扱い方や乗り方、交通ルールとマナー、トラブルが起こった際の対処法などについてしっかり伝える時間を取ろう。目的地までとその周辺のマップや観光情報を提供することも大事なサービスだ。

● 途中返却システムとリタイア対応

さらに、長距離のコースを設定している場合は、自転車を借りた場所とは違う場所で返すことができる途中返却や回収のシステムを整えておくのが理想的だ。出発点とゴール地点が違う場合や、旅の過程で走行が困難になった場合に役立つ。急に走り続けられなくなった場合に備えて、輪行袋[用語7]のレンタルもあるとよいだろう。

● 保険

レンタサイクル客が怪我をした場合や他者に損害を与えた場合に備えて、保険には加入しておきたい。自転車の車体自体にかける保険もあれば、利用者個人にかけるタイプのものもある。保険会社と相談して、そこでの事情に合わせた保険を準備しよう。

＊

このようにホスピタリティが高いレンタサイクルを運用することで、その地域のサイクルツーリズムのブランド価値を高めることができる。

⑤継続のために気をつけるべきこと

行政が主体であるレンタサイクルに多いことだが、事業を始めてから数年経つと自転車の整備がまともにされなくなり、いつのまにか自転車が施設の端の方に追いやられて、レンタサイクルをやっているのかどうかさえも傍目によくわからなくなることがある。

駅などの観光ポイントに設置しているレンタサイクルでは、観光案内所の業

務と兼務の場合が多く、貸出業務を担う職員自身が自転車のルールを理解していない場合も見られる。しっかりとメンテナンスされていない自転車を何の注意もなく安価で貸し出すようなシステムはつくるべきではない。安易に「観光客に便利に借りやすくする」という施策が結果的に、サイクルツーリズム推進のブレーキになっていることが各地で見られることも十分留意すべき点である。

運営の現場に自転車やサイクルツーリズムの基本的なことを理解しているスタッフがいなければ、まともなレンタサイクルは運営できない。初期投資をする前に先々のメンテナンスや運営の体制を考えて計画するようにしたい。

（2）料金設定

以上に述べたような顧客満足度の高いレンタサイクルの運用には、当然それなりのコストがかかる。民間で運営する場合はそれに見合った金額となり、1000円や2000円の廉価ではとても運営はできない。

気を付けたいのは、行政の直営や関連団体での運営など税金を使ってレンタルを行う場合の料金設定である。その地域に民間のレンタサイクル店がある場合は、その経営を圧迫しないように留意する必要がある。既存のレンタサイクル店がない場合には、まずは多くの人に気軽に利用していただくということを目的に安価で運営する方法もあるが、安かろう悪かろうでは価値が下がってしまう。車種やメンテナンスの最低限の費用はまかなえるよう考えて価格は設定したい。また、民間の参入は必要ないと割り切るのか、さらには定着した低価格を上げるのは困難であるため、ずっと多額の公金を投入し続けるのか、どこまでの覚悟を持ってその地域のレンタサイクルを公的に支えていくのかはよく考える必要があるだろう。

（3）事例

事例1 しまなみレンタサイクル（愛媛県今治市–広島県尾道市）

しまなみ海道のレンタサイクルは、今治市と、尾道市側の一般社団法人しま

なみジャパンとの共同で運営されている。今治市のレンタサイクル拠点である
サイクリングターミナル「サンライズ糸山」は指定管理者制度で市から委託され
た事業者が運営している。JR今治駅前にも新たなレンタサイクル拠点を作
る計画があり2018（平成30）年度は実験運用中だった。一方の一般社団法人
しまなみジャパンは、しまなみ海道沿線にある広島県尾道市、愛媛県今治市、
同県上島町を中心に構成された日本版DMO^{用語6}で、レンタサイクルを事業の
柱のひとつとしている（「**18 ステークホルダーと進めるための体制づくり**」（1）
③ p.173）。

　双方で途中返却可能なレンタル用自転車は、今治市で約850台、尾道市で
約900台ある。貸出車種は小径クロスバイク、クロスバイク、シティサイク
ルなど。タンデム自転車と
電動アシスト自転車は貸出
拠点が限られ、借りた当日
中に同じ場所に返す必要が
ある。

　貸出料は大人一日1000
円から1500円だ。一人
1000円の保証料は自転車
の返却時に返還されるが、

写真7・1　サンライズ糸山

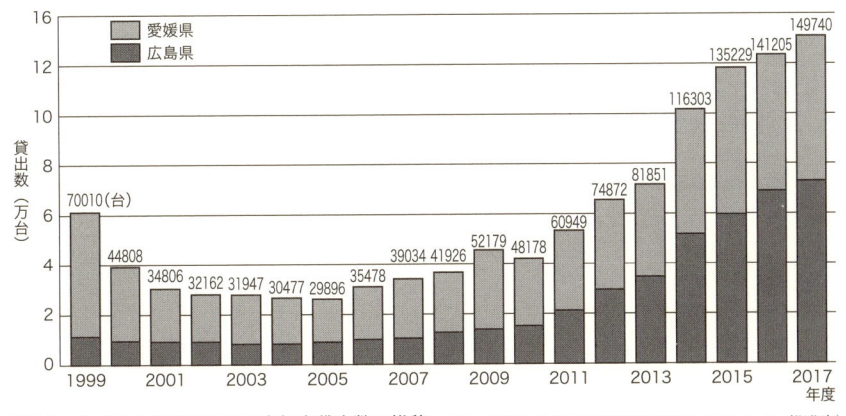

図7・1　しまなみ海道における自転車貸出数の推移　（データ提供:今治市産業部観光課サイクルシティ推進室）

第2章　始める、拡げる　75

7
レンタサイクル

貸出ターミナルまたは同じ島内のターミナル以外の拠点に自転車を返却した場合には返還されない。

レンタサイクル事業は、しまなみ海道が開通した 1999（平成 11）年度から始まり、貸出台数は初年度の 7 万台から徐々に落ちて 2005（平成 17）年度が底で 3 万台弱、そこから再び増えだし、2014（平成 26）年には飛躍的に伸びて 11 万 6 千台、2017（平成 29）年に 15 万台弱となり、増加傾向が続いている。

もともとは青少年の健全育成と体育の振興という側面もあり、行政サービスの範疇として 1 日 500 円で始まったという。今は趣味や娯楽の側面が強くなり、海外からも多くのサイクリストが訪れるなど、官民連携による環境整備と地域住民のおもてなしにより、瀬戸内地域を代表する観光資源の一つとして数えられるまでに成長した。

増えている利用者数と、途中返却システムへの対応のため、利用状況を見ながら自転車を別の拠点へトラックで運び、また適切なメンテナンスをしながらうまく回すことが課題だと言う。メンテナンスに対応できる人材が不足気味のため、予算確保を行い、年間を通じたシステムの構築が求められている。

なお、このエリア内には民間運営のレンタサイクルとして「ジャイアントストア尾道」「ジャイアントストア今治」がある。こちらは「しまなみレンタサイクル」に比べると当然価格帯は高いが、そのぶんメンテナンスの行き届いた高性能なスポーツバイクを貸し出しており、棲み分けができているそうだ。

事例2 びわこ一周レンタサイクル（滋賀県）

ビワイチをサポートするレンタサイクルは、複数の民間業者によってそれぞれに運営されている。長距離走行に適した高品質のレンタサイクルを行っていると評価されている運営主体の中でももっとも歴史の古い「びわこ一周レンタサイクル」を紹介する。

こちらを運営するのは NPO 法人五環生活だ。レンタサイクルを事業の大きな柱とし、ライフスタイル提案を行う NPO である。現在は米原市が JR 米原駅の構内に設置した米原駅サイクルステーションを市からの委託を受けて運営し、そこでレンタサイクルを実施している。

「びわこ一周レンタサイクル」は、ビワイチを希望するサイクリング初心

者に1泊2日以上の行程でスポーツバイクを貸し出すことを基本としている。一周を達成することよりも、道中を楽しんでもらうことを大切にするというコンセプトだ。時間にしばられると周囲の風景が見えず音やにおいも感じられないため、旅の楽しさが半減してしまう。そのため、一日でビワイチをする人には原則として貸し出さないようにしており、2018（平成30）年は2648人に貸し出したうち、7割強が1泊2日以上の行程だと言う。

　貸出車種は、クロスバイク、ロードバイク、キッズバイク。料金は2019（平成31）年4月現在、平日利用の場合でロードバイク1日4500円、クロスバイクとキッズバイク3500円。県内6カ所に設けられた途中返却可能な施設に返却する場合はさらに2500円が必要だ。

　ビワイチを希望する客向けのレンタサイクル事業者は古くから他にもあるが、五環生活が高評価を受けている理由は、高性能のスポーツバイクを適切に整備された状態で提供していることと、利用者がビワイチやサイクリングを楽しめるように考えられたサービス水準の高さにあるだろう。乗り手のレベルに合わせた

写真7・2　びわこ一周レンタサイクル （写真提供：NPO法人五環生活）

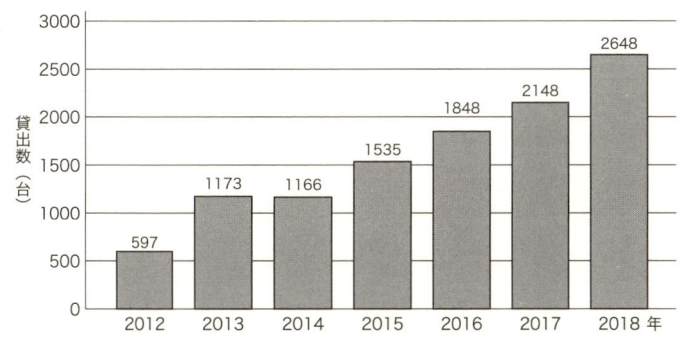

図7・2　びわこ一周レンタサイクル貸出数の推移
（データ提供：NPO法人五環生活）

ビワイチのプランの相談に乗ってもらえ、ルートやスポットの情報がもらえるのは大きい。受付から出発までの間に 30 分から 40 分はレクチャーがあり、問題発生時の対応策や安全な乗り方とルールやマナーの指導をしてもらえる。道中で迷うなどのトラブルがあった場合は、電話でのサポートが受けられる。十分に整備されているので故障自体が少ないが、万が一車体にトラブルがあった場合には利用者が近隣の自転車店に修理を依頼し、そのレシートを持ち帰れば 2000 円までが返金されることになっている。それにより、自転車のトラブルにはお金を出してプロの手で解決してもらうということが文化として根付くということまでが意図されており、自転車店からも評価されている。単に速さや自転車を楽しむサイクリングではなく、自転車に乗ることで楽しい旅を過ごすためのきめ細やかなサポートがされるのが「びわこ一周レンタサイクル」の優れた点である。

　レンタサイクル事業の採算はようやく軌道にのりつつあると言う。十分なサービスのためには今の価格は厳しいラインであるため、付加価値を付けてもう少し上げていくことが課題だそうだ。

3. サイクリングを楽しむ人々

ドイツでサイクリングを楽しむ人の雰囲気は日本とはかなり異なる。日本より夫婦や家族連れの割合がずっと高い。一見、サイクリングとは無縁な雰囲気の人々が楽しんでいる姿を多く見かける（口絵1 p.17）。

「2019 自転車旅行分析」[43] によると、サイクリング客の平均年齢は 52 歳、52％がパートナーと共に、31％が友だちと共に旅している。

サイクリングの期間も長く、3日から1週間程度が主流である。キャンプ用具などの荷物満載で走っている人も多い（コラム1写真 p.47）。サイクリングルート途中にあるキャンプ場に宿泊すると、自転車で来てキャンプをしている人に多く出会う（写真1）。ただし、キャンプ場ではキャンピングカーで来ている人のほうが圧倒的である。しかしそれらのキャンピングカーにもほとんど自転車が積まれているのが印象的であった（写真2）。

自転車もドロップハンドルのロードバイクは少なく、圧倒的に多いのはトレッキングバイクと呼ばれる、日本のクロスバイクに近いものである（口絵1、4 p.17、18）。「2019 自転車旅行分析」でも、70％が「トレッキングバイク」、16％が「マウンテンバイク」、9％が「シティバイク」、5％が「ロードバイク」となっている。

トレッキングバイクは、スポーツバイクではあるが、荷台を付けるなど日常生活でも使いやすくしたものであり、女性用にパイプの位置が低くスカートでも乗れる、日本のシティサイクルと一見よく似たものもある。ただし、大きな違いはその価格である。新車で買うと安くても 600 ユーロ（約7万円）。一般用の自転車でも十数万円するものが普通に売られている。高いだけでなく質もそれに応じたものであり、日本なら同程度の価格のスポーツバイクに使われているパーツが、一般向けの自転車にも当然のように使われている。

オランダでは自転車の平均価格はさらに高いが、その自転車は平均 20 年〜 30 年使われるそうである。よい自転車を長く大事に使う習慣が定着している。

なお、安い自転車が欲しい人には、中古自転車が自転車店で普通に販売されており、中古自転車の買い取りも行ってくれる。

写真1 自転車で来てキャンプをする人々 ライン川沿いケール

写真2 キャンピングカーに積まれた自転車 ライン川沿いリューデスハイム

8 サイクルイベント

　サイクルイベントの開催はサイクルツーリズム振興に必須とまでは言えないが非常に有効に働く。人気のサイクルイベントが開催される場所はサイクリストにとって「いつか行ってみたい場所」となり、イベント時以外にもサイクリストが訪れる場所となっていくことが期待できる。

　ただし、満足度の低いイベント運営をしてしまうとその地域の評判そのものを下げかねない両刃の剣であることを肝に銘じる必要がある。

　サイクルイベントにはいくつかの分類があり、それぞれに長所短所がある。まず、大きく「レース・競技系」と「ツーリング系」に分かれる。

(1) レース・競技系

① ロードレース

　主に公道を閉鎖して行う、ロードバイクで速さを競う競技。公園などの私道やオートレースのサーキットを転用して開催される場合もある。アマチュアが参加できる草レースからプロ選手が参加する国際レースまでさまざまなカテゴリーに分かれている。また、一日で走り終えるワンデイレースと数日から数週間かけて走るステージレースが存在する。世界的にはツール・ド・フランスやジロ・デ・イタリアなどが有名だ。

　サイクルツーリズムの観点からみると「プロ選手たちが走るコースを自分も走ってみたい」とサイクリストに思わせて誘客につなげるパターンと、出場者に「レース以外でもこの土地を走ってみたい」と思わせて誘客につなげるパターンが考えられる。

毎年、「ジャパンカップ」を開催している宇都宮市が前者の好例としてあげられる。サイクリストの間では宇都宮市は自転車の街として認知されている。2020（令和2）年の東京五輪のロードレースコースもおそらくこのパターンで聖地となるであろう。

　後者の例としては、「ツール・ド・おきなわ」が挙げられる。そのホスピタリティの高さから出場者の多くがまた訪れたいと語り口コミで評判が拡散し、今ではサイクリストの憧れのコースのひとつとなっている。

② ヒルクライムレース

　上り坂をいかに速く登るかを競うレース。国内の代表的なものとしては、「Mt.富士ヒルクライム」や「マウンテンサイクリング in 乗鞍」などが挙げられる。

　前日受付とすることで、参加者がその地域で宿泊するというメリットがある。山岳地帯で宿泊地も確保でき、舗装された長い上り坂があり、交通規制もしやすいスキー場へのアプローチ道路や山岳観光用道路などが開催地としてはもっとも適している。

　普段は自転車が走ることができない自動車専用道を封鎖して行うタイプの大会も特別感があって人気があるが、平素から自転車に対して開放されている道路での開催の場合は、大会の当日以外でもトレーニングや試走のためにサイクリストが訪れる可能性もある。前述のMt.富士ヒルクライムが開催される「富士スバルライン」やマウンテンサイクリング in 乗鞍が開催される「乗鞍エコーライン」も日常的に自転車に開放されており、ヒルクライマーたちの聖地となっている。眺望の開けた長く険しい山岳道路の存在は、それだけでサイクリストを誘致することができる目玉となりうる。

　大会の運営としては、レース後の下山時の安全管理に万全を期す必要がある。

③ エンデューロ（耐久レース）

　エンデューロとは、周回コースを制限時間内に何周できるかを競うレース。オートレース用のサーキットを借り切って行われることが多い。三重県の鈴鹿サーキットや、栃木県のツインリンクもてぎ等の、国際レーシングコースを自転車で走ることができる大会が人気となっている。参加者層は本格的に上位を

狙って走るトップクラスのレーサーから、お祭り感覚で参加するエントリー層やエンジョイ層まで幅広い。

　ただ、サーキットという閉鎖空間で開催されるため、サイクルツーリズムの観点では大会当日のみの盛り上がりでサイクリスト誘客につながる波及効果についてはあまり期待できないかもしれない。レースとは別に会場に集まったサイクリストに向けて、地元サイクリングコースのアピールをするなどの広報の場として活用できる。

　例としては少ないが、公道を閉鎖して行うエンデューロ形式のイベントも存在する。愛知県知多半島の先に位置する日間賀島で行われる「市民サイクルパラダイス in 日間賀島」は島内を一周する約 3.7 km の公道を閉鎖して開催される。会場が離島ということもあり、参加者の多くが島内で宿泊し、海の幸を堪能して帰るという満足度の高いイベントとなっている。

　公道を閉鎖して開催されるエンデューロの場合、後述のロングライドイベントに比べると交通規制などの範囲が小さくて済むというメリットがあるが、参加者としては同じコースを周回するのは飽きやすいため、サイクリストを呼び込むためにはレース以外にも魅力を用意してアピールする必要がある。

④ トラックレース

　自転車専用の競技場（トラック）を使って開催されるレース。トラックレーサーやピストと呼ばれる特殊なレース専用の機材を用いて行われるため、非常に専門性の高い競技となっている。日本発祥の自転車競技「ケイリン」もトラックレースのひとつである。国内では主に各地にある競輪場をアマチュアレーサーに開放する形で開催されることが多い。

　サイクルツーリズムの観点からは、現在のところ、ツーリズムに波及する事例は見受けられない。

⑤ マウンテンバイクレース

　基本的に舗装されていないオフロードをマウンテンバイクで走り速さを競う競技。世界的にはロードレース以上に人気を博しているが日本国内においては現在のところ、マイナーと言わざるを得ない。上り坂基調のコースを走るクロ

スカントリーや下り坂を駆け下りるダウンヒルなど、さまざまな形式のレースが開催されている。海外では、観客動員なども含めるとかなりの集客力のあるレースイベントとなっている。

　また近年、日本国内でもマウンテンバイクを楽しむことのできるフィールドが、各地に徐々に整備されてきており、それに伴って、草レースイベントも徐々に増えている。また、レースではないが、古道などを再整備してマウンテンバイクで楽しむガイド付きツアーなども開催されるようになってきた。マウンテンバイクレースは将来的に期待を持てる分野となっている。

⑥ BMX（レース・フリースタイル）

　バイシクルモトクロスを略してBMXと呼び、基本的には20インチホイールで変速のないシングルギアのオフロード用自転車である。競技としては、人工的に作ったアップダウンを繰り返す専用のダート（未舗装）コースで速さを競うレースと、速さではなくジャンプやスピンなどの技の美しさや難易度を競うフリースタイルが存在する。近年、レースもフリースタイルも共に、オリンピックの正式競技にも採用されるようになり、注目を集めている。

　BMXはショー的な要素が強く、エンターテイメント性が強いため、多くの観客動員を期待できるイベントとなる可能性がある。

　しかし、トラックレース同様、現在のところ、ツーリズムに波及する事例は残念ながら見受けられない。

(2) ツーリング系

① ロングライドイベント

　長距離を自転車で走ることを目的としたサイクルイベントの総称で、原則的には順位を競わない。全国各地で開催されており、人気となっている。特に決まった距離の規定などがあるわけではないが、多くの大会は100 km以上のコースを設定している。100マイル（約160 km)を走ることを特別に「センチュリーライド」と称する。また、山岳コースで行われるロングライドを「グラン

フォンド」と呼ぶこともあるが厳密な規定は存在しない。距離の長短だけでなく、アップダウンの数や大きさなどによっても難易度は大きく変わる。

　一般的に風光明媚なコースが設定されることが多い。参加者に見せたい景色がある場合は、あえて遠回りさせたり坂を登らせたりすることもある。

　ロングライドイベントでは数箇所のエイドステーション（休憩所）が設定されており、地元の郷土料理や名物が振る舞われることが多い。参加者の満足度は、エイドステーションの充実度に大きく左右される。人気のロングライドイベントはいずれもエイドステーションでのおもてなしの評価が高い。

　コースが長距離になるため、その全行程を交通規制することは難しく、ほとんどのロングライドイベントでは通行規制をせずに通常の交通ルールを守って走ることとなっており、安全管理には細心の注意を払う必要がある。管轄する警察との連携も不可欠である。また、コース上に暮らす住民の方の理解と協力を得られるように配慮することも必要となる。

　開催・運営に多くの配慮やコストを要するため、参加費も比較的高額となることが多いロングライドイベントではあるが人気は高く、特に評判のイベントではすぐに募集定員に達してしまうものも珍しくない。

　ロングライドイベントのコースの多くは、イベント時以外でも同じコースを走ることができる。経験豊富なサイクリストであれば、コースナビゲートさえできる環境であれば同じコースを楽しむことはできる。それでもロングライドイベントが人気なのはサポート体制がしっかりしているイベントで挑戦できるという安心感も大きいと考えられる。

　満足度の高いロングライドイベントはリピーターを生む。イベントを通してコースの魅力を発信することができれば、イベント以外の日にもサイクリストを呼び込むこととなり、サイクルツーリズムの振興に大きく貢献することができる。

② ブルベ

　ロングライドイベントと同様、長距離を自転車で走ることを目的としたイベントで、順位を付けることはしない。ロングライドイベントとの違いはその距離とサポート体制に関してである。ブルベには 200 km、300 km、400 km、

600 km というカテゴリーがあり、他のロングライドイベントと比べて、さらに長い距離を走るイベントである。昼夜を通して走ることもある。また、外部からのサポートを受けることを禁じており、あくまでも自己の力で制限時間以内に完走することができるかを目指すイベントとなっている。コース上に何カ所か設けられたチェックポイントを通過しつつ、決められたコースを走る。コースナビゲートに関しても誘導員がいるわけではなく、主催者から配布されたコース情報をもとに自分でルートをたどっていく。

もともとサイクルツーリズム振興を目的とはしていないため、地域のツーリズムに資するという観点はないが、主催者もサイクリストであり、コース設定は基本的に「サイクリストが走って気持ちよい」「楽しい」を基準としている。つまり、ブルベのコースに選ばれる道はサイクルツーリズム的な魅力が高い道とも言える。

③ ポタリングイベント

ポタリングとは、自転車で行う散歩のような走り方である。比較的短い距離のコース設定で、速度もゆっくり走る。グルメめぐりや観光地めぐりなどのサイクリング以外の楽しみを組み合わせたイベントとして企画されることが多い。自転車で走ること自体を目的とするというよりは移動手段として自転車を利用するという側面もある。

速度や距離を求めないのでスポーツタイプの自転車に限らず、シティサイクルでも気軽に参加できる。京都のまちなかのように立ち寄りスポットが比較的狭い範囲に点在している場合に、自転車の機動力を生かしてスポットをめぐるイベントとして企画しやすい。

(3) 事例

[事例1] ツール・ド・おきなわ（Tour de Okinawa）各種混合

毎年11月、沖縄県名護市を中心に沖縄本島北部地域で2日間にわたり開催されている自転車ロードレース大会。主催はNPO法人ツール・ド・おきなわ

協会、北部広域市町村圏事務組合、日本自転車競技連盟。

1989（平成元）年から30年以上続く。全国から毎年強豪チームが参加し、参加選手の中から数多く海外で活躍する選手を輩出し、「ホビーレーサーの甲子園」として知られる。

第一回参加者は千名あまり、日本最長の国際ロードレースとしてスタートした。1993（平成5）年レディース50 km、1995（平成7）年マウンテンバイクマラソン42.195 kmなど年々イベント数を増やし実績を積み、2000（平成12）年には男子チャンピオンレースに世界トップのアイルランド選手が参加するなどその知名度を上げていった。その一方、身障者を対象としたバリアフリーサイクリング（2006～）、中心市街地における三輪車・ママチャリレース（2010～）を開催するなど、幅広い参加者が楽しめるイベントとなっている。

2019（令和元）年現在、国際レース2種目、市民レース15種目、市民サイクリング部門7種類、関連イベント2種類の全26種目という大型サイクルイベントである。

一流選手を招き、またこの大会から世界で活躍する選手が輩出される本格的なロードレース大会である一方、誰もが気軽に参加し、また、沖縄の魅力をあますことなく楽しめるサイクリング部門にも力をいれているのが、この大会の特徴といえる。サイクリングといっても「沖縄本島一周サイクリング」のようにかなりハードルの高いものから、伊江島ファミリーサイクリング、恩納村ファミリーサイクリングなど親子で楽しめるものまで多種多様である。

参加者も5千名を越え、そのうち県外・海外は全体の7割となる3500名余り。特筆すべきは、参加者の年齢の幅広さで、レースでは9歳から80歳。サイクリング部門では最年少は6歳、最年長は85歳である。

イベントを支えるのはボランティアスタッフなど約2500名。このイベントにおける地域への経済効果は

写真8・1　ツール・ド・おきなわ（写真提供：NPO法人ツール・ド・おきなわ協会）

大きく、約6億円と試算されている。

事例2 守山野洲川クリテリウム　ロードレース

　クリテリウムとは、自転車ロードレースのひとつで、公園の通路や市街地の公道を交通規制し、1周0.8〜10 kmのコースを定められた周回数を走行して順位を競うもの。守山野洲川クリテリウムは2019（平成31）年に7回の開催を数え、年齢、走行距離によって別れている13のカテゴリーに全国各地から約700名の参加があった。滋賀県自転車競技連盟が主催し、守山野洲川クリテリウム実行委員会と守山市自転車競技連盟が主管している。

　公道を利用して行うレースであるため、地元の理解が不可欠で、開催にあたり毎回地元自治会との協議を重ね、近隣住民との関係を重要視している。将来の競技者育成のため、小学生の参加に重点を置いており、市内の小学校にチラシを配布して参加者を募集し、その結果、年々市内小学生の参加が増えている。

　また、レースの他に「自転車スキルアップ教室」を同時開催し、日常生活での自転車の安全走行啓発にも力を入れている。多くの地元企業が協賛し、レース当日は地元地域団体をはじめとする市内飲食店が多数飲食ブースを出展しており、地域ぐるみで大会を支える雰囲気が醸成されている。今後もこの大会を継続実施することにより、地域の子どもたちがスポーツとしての自転車への関心を持つための機会とすると共に、自転車が加害者となる交通事故撲滅のための一助としたいとしている。

事例3 セルフディスカバリーアドベンチャー・イン・王滝
マウンテンバイクレース

　日本国内のマウンテンバイクレースとしては、毎年春と秋に長野県王滝村で開催されるセルフディスカバリーアドベンチャー・イン・王滝の「SDAクロスマウンテンバイク100 km ／ 42 km ／ 20 km」が有名。王滝村の観光協会や山林・林業関係者などの協力体制のもと、普段は走ることができない林道を使って、御嶽山の大自然の中をマウンテンバイクで走る人気のレースイベントで国内最大級のイベントである。ヒルクライムレース同様、前日受付とすることで参加者の宿泊を促している。2018（平成30）年は各種目に合計1360名

の選手が参加した。

　王滝村ではこの他にもトレイルランニングの大会なども開催されており、持久系アウトドアスポーツの聖地としてのブランディングに成功している。

事例4 サイクリングしまなみ　ロングライドイベント

　日本で唯一、供用中の高速道路を通行規制し、自転車で走行できるイベント。2013（平成25）年10月に「プレ大会」として、しまなみ海道の西瀬戸自動車道今治IC〜大島南ICの13kmを通行止めにして開催。約3000名が参加した。2014（平成26）年10月には、今治IC〜因島北IC間を通行止めにし、7000人規模の国際サイクリング大会を成功させた。

　その後、2016（平成28）年10月に3500人規模の中規模大会、2018（平成30)年には再び大規模大会を開催。今治から大島までを往復する30kmのコースから、船と組み合わせたコース、そして今治−尾道間140kmを往復するコースまで7種類用意され、約7200人が参加。うち約1割が海外からの参加であった。コース途中の10カ所にエイドステーションが用意され、地元のグルメを堪能し、島の人々からの声援も受けられる。大会実行委員会によると、併催イベントを含めた来場者数は約4万5000人。大会により消費が拡大した経済効果は5億5508万円。さらにマスコミで取り上げられた情報発信を広告費に換算すると3億7790万円。合計9億3298万円の経済効果があったと試算されている[7]。

事例5 京都美山サイクルグリーンツアー　その他

　大人も子どもも楽しめる複合型サイクルイベントとして、かやぶきの里として知られる京都府南丹市美山町を舞台に開催されている。このイベントは「ひとりでも多くの子どもに自転車の楽しみを」を合い言葉に全国のサイクリスト有志が集まった「ウィーラースクールジャパン」の代表、ブラッキー中島隆章氏が「京都美山自転車の聖地プロジェクト」の一環として立ち上げたもの。

　イベントの特徴は、ある程度の距離を走りたいサイクリストが満足できるロングライドと、誰もが参加できる自転車イベントを組み合わせたところにある。

　美山町全域に配置された11カ所のチェックポイントをオリエンテーリング

形式で制限時間 8 時間 30
分の間に、地元のグルメを
満喫しながら走るもので、
すべて走破すると 125 km
を越えるが、自分の体力や
レベルに合わせて自由に走
ることができる。

　2 日間のイベントの初日
には、「家族で田舎暮らし
体験」や中学生以上の女性

写真 8・2　京都美山サイクルグリーンツアー（写真提供：京都美山サイクルグリーンツアー実行委員会）

が参加できる「サイクル女子会」など、サイクリングツアーというよりは、地元の良さを楽しんでもらうための工夫がされたイベントが企画実施されている。また、2 日目のロングライドイベントにあわせて行われる、小学生以下の子どもたちを対象とした「ウィーラースクールと田舎遊び」は、子どもたちに正しい自転車の乗り方、楽しみ方を教えるもので、このノウハウは各地域でも取り入れられている。

　美山をまるごと楽しんでもらうこのイベントの特徴は、スタートからゴールの時間まですべてのエイドステーションをオープンにし、気に入ったエイドにいつまでも居てもいいよという環境を作ったことにある。地元の子どもたちは無料で、地域住民も安く参加できるようにし、地域が一体となってイベントを盛り上げることで、サイクリストと地域住民が相互関係をもつような仕掛けづくりもされている。

　このイベントの運営には独自のコンセプトがある。まず、公的資金には頼らず自主財源で行うが赤字は出さないこと。アンケートからニーズを徹底的に拾い出しイベントに反映させること。そして、参加者・スタッフが達成感を味わえるよう関係者それぞれに役割に応じた権限を持たせることなど。イベントを継続していくために考え出された工夫である。

9 ガイド付きツアー

　サイクルツーリズムを考えるときに、地域の魅力をより深く知ってもらうこと、また、初心者層が安心して自転車の旅を楽しめるようにするために、ガイド付きツアーが大きな役割をもってくる。

　ガイドの役割は基本的には、自転車であっても徒歩であっても、またバス観光であっても変わらない。地域資源の知識、観光客の安全管理、旅のスケジュール管理等である。要素は変わらないが、当然ながら取得しなければならない技量、配慮すべき点はそれぞれ異なる。

(1) ツーリズムにおけるガイドの役割

　地域の魅力を深く知ってもらうためにガイドの存在は極めて重要である。ガイドによる案内がその旅から感じ取る地域の価値そのものの質を左右すると言っても過言ではない。

　最初に押さえておかなければならないことは、「旅はガイドがなくても完結する」ということである。つまり、ガイドは観光客が一人で旅したときには得られない満足をもたらすために質の高いサービスを提供しなければならない。ここでいうサービスは、案内の質の高さだけではなく、観光客の安全、旅のスケジュール管理等への配慮も含まれている。

　こういった質の高いサービスを提供するためには、ガイドとして最低限必要な知識の取得、ガイディングノウハウの習得などガイドの質を維持向上していくための「学習システム」や、ガイドのモチベーションを維持し、観光客がガイドを選ぶことができるような「認定システム」のようなものが必要となってくる。

(2) ツアーガイドに求められるもの

① 地域資源の知識

　地域資源に対する知識の取得は、ガイドにとって必要不可欠である。ただ、ガイドに求められるのは、それぞれの場所で説明するだけでなく、その場所に行かなければわからないこと、その場所にいるからこそ味わえる感動を与えることである。知識をすべて披瀝したい衝動にかられ、しゃべり続けるガイドが残念ながらあちこちで見られるが、膨大な地域資源に関する知識は観光客が興味をもって質問をしたときにこそ必要なもので、自らの知識量を自慢するような自己満足なガイドは迷惑なだけである。

　必要なのは、「これこそ、サイクルツーリズムだからこそ味わえるこの地域の魅力」を案内するコース上でいくつかのポイントに絞り解説すること。そのためには、事前にどこをどう見せるのかというコースづくりが自転車を使ったツアーでガイドをする場合には特に大切となってくる。

　そのためには、どこにどのような資源があり、その資源をどう活用すれば地域の魅力を語ることができるのか、地域資源に関する深い知見が求められる。

② 安全管理

　どのツアーにおいても観光客の安全管理は重要であるが、サイクルツーリズムの場合、安全管理が占める割合、求められるガイドの技量は大きい。不測の事態に備え保険をかけておくと同時に、いかに安全にツアーを催行するかは、重要な要素だ。

● コースづくり

　見せたいポイントを入れていかに自転車が走行するうえで、安全な道を選ぶかということと、何かトラブルがあったときにどうショートカットするか、そして、案内するサイクルツーリストの状況を見ながら、オプションとして付加できるコースなど、多岐にわたる状況に対応できるコースを考えておく必要がある（図9・1）。

　見どころと、休憩箇所、時間に余裕ができた場合のオプションコースとあわ

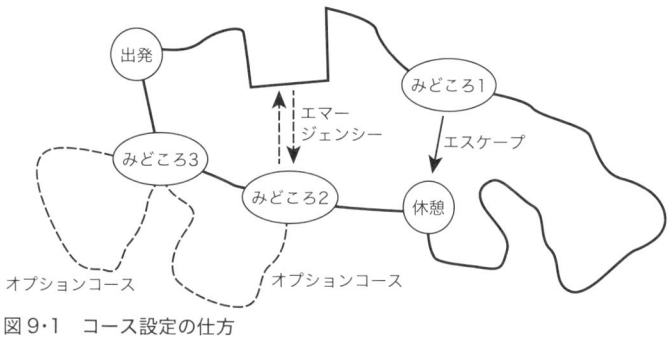

図9・1　コース設定の仕方

せて、時間がショートしたときのエスケープ箇所、何か事故があった際の対処を想定するなど、さまざまなシチュエーションを想定したコースづくりをしなければならない。

● 観光客の情報を確認

　次に、観光客の健康状態を確認したうえでツアーを催行することである。自転車に対する習熟度等、個人的な情報の事前確認が必要だ。ガイドツアーを実施している団体では、出発前にお客との会話の中でそういったことがらを聞き出すことに加え、ハンドサインや集団走行中の注意点などを確認する時間を必ずとっている。

● 自転車のチェック

　レンタサイクルの場合は提供する自転車の保守整備、持ち込みであれば、出発前に基本的な車体のチェックを行うことも大切だ。

　サイクルツーリズムにおけるガイドに固有に求められるのは、コースづくりやガイド技術に加えて、自転車の構造を把握し、さまざまなトラブルに対応できる技術である。

*

　上記の三つ以外にも安全管理に関するチェックポイントは多岐にわたる。安全にガイドツアーを実施するためには、どういったことを想定すべきか。それぞれ想定する事項について、どう対応するかのチェックリストを作成し、ツアー実施にあたって活用していくことが有効だ。

　また、ガイドツアー実施ごとにどういった問題点があったか、それにどう対

応したのか、記録をとっておくこともおすすめする。

③ スケジュール管理

少し時間にゆとりをもってツアーを終了できるようにコントロールすることは、とても大切なことであるが、意外と難しい。参加者の体調、パンクなどのトラブルのほか、興味をもった参加者からの質問、いたるところでの写真撮影など、さまざまな遅れの原因がある。通過ポイントごとのタイムスケジュールをしっかりと作り、時間のずれを臨機応変に調整する能力は経験が求められる。

コースを決めるときだけでなく、実施前にしっかり試走し、道路工事や交通規制などで変化する道路状況を把握しておく必要がある。そのうえで、時間が足りなくなった場合に、コースのどこをカットするか、そしてそれを参加者に「せかされた」「行きたい見どころがカットされた」とマイナスのイメージを抱かせないように説明する話術もガイドに必要な技術だ。

④ コミュニケーション力

先進的にサイクルツーリズムに取り組み、成功しているエリアでは、規模の大小はあるが、いずれもガイド付きツアーを行っているところが多い。しかし、残念ながらガイド付きツアー単体で事業を組み立てることはインバウンド対象のものを除き、難しいのが現状だ。

インバウンド向けのガイド付きツアーを行う際にはおもに2点に注意したい。ひとつは、「**17** ルールとマナーの啓発」(4) (p.165) で記述する異文化への理解。もうひとつは、コミュニケーション力である。

外国語によるガイド行為については、2017 (平成 29) 年 6 月 2 日に公布され、2018 (平成 30) 年 1 月 4 日に施行された「通訳案内士法及び旅行業法の一部を改正する法律」により、全国通訳案内士の資格をもたない者でも、ガイドを行うことができるようになった。法律的にはガイドの外国語能力については、かなりハードルが下げられたが、文化の違う人に自分たちの地域の良さを伝えるためには、一定以上のコミュニケーション力は当然のことながら求められる。

(3) もうひとつのガイドの役割「地域と観光客を結ぶ」

「ガイドはいなくても『旅』は成り立つ」。では、ツアーガイドならではの役割とは何だろうか。

それは地域の方と訪問者をつなぐことだろう。クルマの旅では、移動中は閉鎖空間となる。自転車では、移動中、風を感じ、音に耳を傾け、かわりゆく薫りを楽しむというのがその醍醐味だ。五感をフルに活用すると、その地域オリジナルの「生活」を感じることができる。さらにそこで、日頃から地域の方々とつながりのあるガイドがそのかけはしとなることで、ツアーの魅力が倍増し、ガイドツアーならではの魅力を発揮することができる。そのためには、日頃の地域の方々との交流が欠かせない。ガイドには地域の観光大使であるという意識が求められる。

各地域で実施されている人気のツアーに共通しているのは、地域の中にガイドが溶け込み、観光客を地域の人、生活空間の中に溶け込ませる工夫がされていることである。

ぜひ、先進的に取り組んでいる地域を参考にしたい。予算を付けることが可能なら、コースづくりからガイドの養成など、専門家に相談することもできる。

(4) ガイドを養成する

① 養成のための講習会

まとめると、サイクルツアーガイドとなる人には以下の素養や技術が求められる。

- ・自然、歴史、文化、人物などの地域資源に関する豊富な知識
- ・地域資源とツーリストをつなぐインタープリター（翻訳者）としての能力
- ・伝えるべきことに沿ったコースやプラン、スケジュールを組み立て、遂行する能力
- ・ツーリストの健康および安全管理の技術
- ・自転車の整備や修理の技術

・地域の人々とツーリストを結ぶ観光大使としての自負とコミュニケーション能力

さらに、ガイドが継続的に活動をするためには、営業力や広報力も必要となる。

こういった知識や技能を個人や一組織で身に付けるのは容易ではない。そこで、地域においてガイドを養成するための共同研修を企画することが有効である。しまなみ海道を抱える愛媛県、ビワイチを抱える滋賀県では、サイクルツアーガイドとしての活動を希望する人や団体を対象にガイド養成講座を実施している。ひとつの団体で実施するのは予算的にも企画力の面でも難しいので、県内でサイクルツーリズムを行う主体をサポートし、サイクルツーリズムに関わる動きを継続的に支え、全体的な底上げをする施策として注目できる。

事例1 サイクルツアーガイド講習会（滋賀県）

ビワイチを推進している滋賀県では、地域の魅力を深く伝えるサイクルガイドツアーが、エリア内の数々の場所で展開されている。

技量を持ったガイドをより多く養成するため、滋賀県は、歴史文化資源などの立ち寄りスポットの知識習得をはじめとしたサイクルツアーガイド講習会を2016（平成28）年度から実施している。この講習の受講生は、自分のフィールドでガイドとして活躍している。

第1回の2016（平成28）年度は、風景通訳家 トレイルバックス（TRAILBUCKS）代表の仲間浩一氏を講師に招き、立ち寄りスポット発見に向けた講義（1、2講）を行い、講義を踏まえて各自で地域の立ち寄りスポットを検討し、3講目に実際の試走と、各箇所でのガイドを試行し、講師より講評を行った。

2017（平成29）年度第2回は、同じく仲間氏を招き、サイクリング中の安全管理を中心とした内容で実施。講義および屋外での試走などの実習を行った。

第3回となる2018（平成30）年度には、「情報発信」をテーマに、ツアーの広告、ガイドツアー商品を買ってもらうための情報戦略など、広報や広告の基礎的な考え方から実践的なノウハウまでじっくり学ぶプログラムをNPO九州コミュニティ研究所理事長、（株）SOL DESIGN 代表の耘野康臣氏を招き、仲間氏のコーディネートで実施している。

愛媛県サイクリングガイド基礎講習会

愛媛県は 2015（平成 27）年に「愛媛県サイクリングガイド養成推進協議会」（県、今治市、上島町、松野町で構成）を作り、サイクルツーリストに安全に楽しんでいただくため、ツアーの集団を引率し、ツアーのプランニングを行うプロのサイクリングガイドを養成するための講習会を毎年開催している。2019（令和元）年は座学と実技を組み合わせた 3 回の研修とガイドとしての認定研修という構成である。これまでの 4 年で育ったのは 26 人であり、ガイドとしてリストに登録されている。

ただ、登録されたガイドは平日のツアー対応や外国人対応が難しく、あまり有効に活用がされていないというのが現状であり、サイクルガイドを生業にする人が生まれるまではまだ至っていないとのことである。

② ガイド養成における課題

愛媛県の講習会のように、充実したカリキュラムによりガイドは育っても現場での実際の活用が十分にされていないという問題が、滋賀県でも起こっている。

サイクルツーリズムの先進地であっても、ガイド付きツアーのニーズに対するマーケティングがまだ不十分で、希望者とのマッチングも課題である。活躍の場を準備することなしにガイドを養成しても、期待した成果を上げることはできない。養成した後のことをデザインしたうえでの講習が望まれる。

（5） ガイドツアーの事例

サイクルツーリズムに取り組むにあたっては、各地の先進事例へのヒアリングとあわせ、それぞれの地域で実施されているガイド付きツアーに参加体験することが有効だ。ガイド付きツアーに取り組まない場合でも、地域でサイクルツーリズムを推進するためにはどういったことが必要か、どんな魅力があり、どのような見せ方ができるのかをなど考えるにあたってのヒントを見付けることができる。

ここでは、さまざまな志向にそったガイドツアーの先進事例を紹介する。

事例1 飛騨里山サイクリング（岐阜県飛騨市）

運営主体は株式会社 美ら地球。飛騨の暮らしを旅するガイドツアーを提供している。自転車を通して見える景色は、近代化以前の日本の姿を残している。スローペースのサイクリングで、季節ごとの農村の美しさを感じるだけでなく、経験を積んだガイドが里山に広がる文化・歴史を丁寧に案内する内容となっている。

このツアーは、外国人観光客の人気を集め、世界屈指の旅行クチコミサイト「トリップアドバイザー」で9割以上が高評価を付ける。

PRはウェブのみで、口コミでその人気が広まっている。そのため、一番気を遣っているのが、高い満足度をどう維持するかという点だ。提供するサービスを喜んでくれる人だけに来てもらうための必要な情報を確実に出すようにしている。

このツアーの特色は、自転車に乗ること自体を楽しんだり、ある程度の距離を爽快に走るものではなく、自転車というツールを使って、飛騨の日常にフォーカスして里山をめぐるさまざまなプログラムにある。地域の魅力そのものを地域の外から訪れる人に紹介する。景色だけでなく、地元の方とふれあう機会（畑作業、木工職人の方との出会いなど）がサイクリングツアーの途中に立ち寄るポイントで、年々増えている。地元の方が「何もない」と言っているものを「かっこいい」に変えたい、そこに活躍するのがガイドというポリシーである。

ツアー参加者のうちだいたい90％が外国人で、残りが日本人。始めたときは6：4くらいで日本人のほうが多かったが現在はその比率が逆転している。利用者の数は毎年、前年比1.2

写真9・1　飛騨里山サイクリング（写真提供：株式会社 美ら地球）

倍くらいになっている。

事例2 びわポタ・サイクリング（滋賀県大津市）

体力に合わせたスローペースな散歩的サイクリング（ポタリング）で、琵琶湖・大津の魅力に出会うツアー。

琵琶湖の水辺、宿場町の路地、歴史的神社寺院、風を感じる湖岸道路など、隠れた琵琶湖、大津の魅力をサイクリングガイドが案内するもので、観光客の希望に応じて多数のプログラムが用意されている。

主宰する山本一男氏は、滋賀県が実施したサイクルツアーガイド講習会に参加し、「ガイドをやってみよう」と思われたという。大津市に点在する数多くの歴史文化資源はもちろん、地元の人が通う人気のパン屋、スイーツなど、きめ細かい、気配りのコースが魅力だ。たとえば、大津のまちには和菓子屋さんが多いが、駅から離れているため、初めて訪ねてきた人にはわかりにくい。下の写真のツアーでは、有名和菓子店の「創業の店」を訪問。特別感を演出している。

大津市は滋賀県の県庁所在地であり、大津駅を拠点としたコースは市街地を走行することとなる。びわポタの特徴は、参加者の要望に沿って多様なコースをフレキシブルに組めることにある。40 km ほどの少し距離の長いコース（南湖一周など）も組める。地域資源も神社仏閣や古代から近代までさまざまな史跡などが比較的近い距離に集積しているので、時間にあわせて組み合わせることも可能だ。希望によっては短い距離で、スイーツめぐりのようなテーマも提供されている。

写真9・2　びわポタ・サイクリング（写真提供：びわポタ・サイクリング）

事例3 まちづくり会社まっせ「ハチマンツアー」（滋賀県近江八幡市）

　まちづくり会社まっせが運営する地域ならではの体験プロジェクト「ハチマンジカン」では、西の湖を中心に、文化的景観と安土城跡などの歴史資源を結び、近江八幡の魅力を発信するために、自転車を使ったガイド付きツアーを実施している。「ハチマンジカン」は昔から近江八幡で使われてきた言葉で、のんびりと穏やかな時間のことを言う。

　「地域における人々の生活又は生業及び当該地域の風土により形成された景観地で我が国民の生活または生業の理解のため欠くことのできないもの」を文化的景観と言い、その中で特に重要なものを重要文化的景観として文化庁が指定している。近江八幡の西の湖周辺は「近江八幡の水郷」として、重要文化的景観に一番初めに選定された地域であるが、ガイドの案内がなければなかなかその魅力に気づくことは難しい。

　ガイドツアーを立ち上げるために、まずどういったコースをとり、どのように見せるかを専門家の意見を入れながら選定し、2018（平成30）年からスタートした。

　できるだけ自然の中に入り、自然と一体感を楽しむツアーであり、舗装していない道路を走る部分もある。そのために選ばれたビーチクルーザー（写真9·3）はタイヤが太くどんな道でも安定して走れる。その機能だけでなく、いつもとは違う自転車に乗る体験も面白い。

写真9·3　「ハチマンジカン」で使用するビーチクルーザー

　スタート地点は今、人気のスポットとして注目され、連日多くの人で賑わっている「ラ コリー

写真9·4　ラ コリーナ近江八幡

ナ近江八幡」。和洋菓子を販売する店舗であるが、実り豊かな自然の中に、小川や菜園などを作り、自然とのつながりを大切にしている。

自転車を使ったツアーは、西の湖ツアーとファミリーツアーの2種類。午前（10時）、午後（14時）の2回、各1組（2名以上）を受け付ける。料金は1名3000円（税別）。西の湖ツアーは2時間かけて10km弱の距離をゆっくりと西の湖周辺を周る。眼の前の風景の背後にある地域に根付いた生活、伝統など、ポイントごとにガイドが紹介する。水郷をめぐる遊覧船との遭遇も楽しい。

物語として地域の良さを味わってもらうツアーであるため、全体の時間管理と寄り道ポイントのバランスが難しいことと、自転車だからこその魅力が二の次になりがちなところなど、試行錯誤しながら実施している。サービス開始からまだ日が浅いため、いかにPRしていくかなどが今の課題という。

事例4 NPO法人 五環生活（びわこ一周サイクリングツアー）（滋賀県米原市）

米原駅を拠点にレンタサイクル事業を行っている五環生活では、様々な要望に沿ったポタリングやサイクリングのガイドツアーを実施している。

「びわこ一周サイクリングガイドツアー」は利用者の希望によってフレキシブルにカスタマイズが可能だ。プランの例としては初心者向けとして、米原を発着点に、琵琶湖大橋でショートカットするいわゆる北湖一周（約150km）を2泊3日で走破するコース、健脚者向けとして琵琶湖全周（約200km）を2泊3日で走破するコースもある。

おもに旅行業者を通し、台湾やイギリス、ドイツなど自転車ツアーになじみのある外国からの観光客が主な利用者である。

150 kmから200 kmという長い距離をガイドする場合、ガイドトークなどを行わず走行中の安全管理や集団管理、旅行業者との連携などに注力する。広域を時間をかけて走るため、利用者の体調不良や体力消耗などの変化も大きくツアー実施中に臨機応変にルート変更や速度変更などの対応を変えざるを得ないこと、ツアー期間中の天候変化により雨天走行をしなければならない場合が多い。ツアー期間中ポタリングツアーのような利用者との密なコミュニケーションを利用者と行えないことなどの苦労がある一方、終了後の参加者の達成感、満足度は高く、共に琵琶湖一周した喜びを共有できる良さがあるという。

4.　自転車の多様さ

　ドイツの自転車の特徴のひとつは、その車種の多様性である。通常の自転車に加えて、リカンベント（寝転がった姿勢で乗る自転車。空気抵抗が少なくスピードが出る。また腰に負担が少ない）（口絵3 p.18 以下同）、チャイルドトレーラー（子ども乗せリアカー）（口絵4）、タンデム（2人乗り）自転車（口絵5）、自転車の後ろに子ども用の自転車を連結できるもの（口絵7）、自転車の前に箱が付いていてそこに子どもを乗せるタイプのもの（これはオランダ、デンマークにおいてはさらに一般的）（口絵8）、など比較的普通に見かける。

　これらの自転車は、日常生活で使用する自転車がそのままサイクリングでも使われており、日常生活用との車種の違いはない。

　日常用ではそれに加えてカーゴバイク（荷物運搬用自転車）（口絵6）もよく使われている。

　ヘルメットの着用率はサイクリングの人で7割程度、まちなかでは3割程度。特徴は日常利用でもスポーツタイプのヘルメットを皆普通にかぶっていること。ドイツではスポーツタイプのデザインに抵抗はないようである（写真1）。

　自転車のスピードは、時速15 km～25 km 程度である。年配者や女性でも、よい自転車に乗っており走行環境が整備されているからであろうか比較的速い。逆に日本のようにロードバイクで30km、40kmの高速走行をしている人もほとんどいない。自転車利用の多い都市では、クルマ同様に他の自転車に合わせて流れに乗って走らなければならないことが多く、サイクリングルートでもシーズンには同様の状況になることもあるのが影響しているのかもしれない。

　近年の傾向として e-Bike（電動アシスト自転車）が普及していることが挙げられる（写真2）。日本の電動アシストは子ども乗せ自転車が主流だが、ドイツでは前述のトレッキングバイクにバッテリーとアシストユニットを付けたものが主流で、デザインもスポーティーである。年配の人が利用しているのをよく見かけ、2018年には自転車全体に占める比率が18％になっている。また日本よりアシストの制限がゆるく、時速20km程度で走行している時でも、e-Bike に抜かれることがある。

写真1　ヘルメットをかぶり、トレッキングバイク（女性用）に乗る人　フランクフルト

写真2　e-Bike でサイクリングを楽しむ人々
ボーデン湖近くにて

10 広報

　「広報」というと扱う範囲が大きくなりすぎるため、ここではサイクルツーリズムならではの部分や、サイクリストへの広報手段、そして広告塔をつくることについて解説する。

(1) SNS を通じた広報

　広報手段として近年重要視されているのがFacebook、Twitter、Instagramに代表される SNS（Social Networking Service）である。サイクリストには、スマートフォンなどの電子機器好きが多く、SNS の利用に積極的な人が多い。そのため、おすすめのコースやスポットの情報もウェブ、特に SNS を利用して得ることが多く、さらに得た情報を仲間に広めてもらえやすい。

　また、サイクルツーリズムの利点のひとつは、来訪者と地域の人の交流が生まれやすく、地域に親しみをもってもらいやすいことである。そのため、地域の人自らが情報発信でき、来訪者との間に顔の見える関係が築ける SNS とは相性が良い。サイクルツーリズムの推進に力を入れている地域はいずれも行政や観光関連組織の担当者自身が、自らの名前で地域の見どころや、日々の取り組みなどの発信を行っている。

　利用者にとって、SNS からは自分が選んだ友人や有名人を通じた情報が手に入る。自分が好きな人や信頼している人

図 10・1　SNS 活用の例

からの情報には、人は関心を持ち共感しやすい（図10·1）。よいと思えばすぐに他の人へと情報を拡散することも容易である。つまり、広報にSNSを上手に活用すれば、他人の手によって広げられていく。しかもそれは自ら行う情報発信、すなわち「広告」と受け止められる可能性のある情報よりも、受け手にとって信憑性が高いものとなる。そのためサイクルツーリズムの現場では、人の気を惹き、発信したいと思えるものを準備することが必要である。

　また、SNSで得た情報は、詳しく紹介されているウェブサイトで確認されることが多いため、Facebookページでの情報発信のみに頼らずに、基本情報を掲載するウェブサイトの充実も忘れないようにしたい。

　各SNSにはそれぞれ特徴があり、使い分けが必要である。Facebookは実名登録が必要なため、情報の信頼性が高い。30〜40代以上の利用者が多く、サイクリストの年齢層と重なる。Facebook上でサイクリストが集まるコミュニティも多く作られている。

　Twitterは、投稿が140字以内に限られる反面、気軽に投稿できるため、リアルタイム性が高い。また、フォローやリツイートの機能により投稿が広く拡散されやすい特徴がある。

　Instagramは写真を中心にした投稿になり、地域の美しい景色や名物の食べ物などのイメージを感覚的に伝えることに有効だ。写真がメインのため言語間の壁が低く、海外に向けてのPRにも有用である。最近は、スライドショー形式で複数の写真や動画が投稿できる「ストーリー」機能が流行している。同機能による投稿は基本的に24時間で消えるので、気軽な投稿に使用される。

　上記の三つのSNSでは、投稿を拡散されやすくするために「ハッシュタグ」と呼ばれる機能が使われる。自分の投稿の後ろに半角の「#」に続けて検索されやすそうな単語を入力する（図10·2）。ハッシュタグは複数付けられる。情報を探す人は、SNSの検索ボックスに「#」に続けて単語を入力することで、そのタグが付いた投稿を検索できる。ハッシュタグは特にTwitterおよびInstagramでよく使用され、これらのSNSでは、投稿の検索ボックスや入力ボックスに適当なハッシュタグを打ち込むと、それに関連したハッシュタグでよく使われているもの

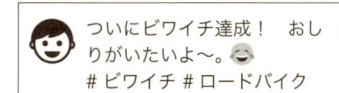

ついにビワイチ達成！　おしりがいたいよ〜。😊
#ビワイチ #ロードバイク

図10·2　ハッシュタグの例

が一覧表示される。Instagram では、Twitter のリツイートのような投稿の拡散機能がないため、ハッシュタグが特に重要となる。海外に向けて発進する場合は、相手先の言語に合わせて付けたい。

　広報手段としてもうひとつ重要なサービスとして、動画共有サイトのYouTube が挙げられる。サイクリングに適した地域であることを PR する動画を作成し公開している地域は多い。滋賀県守山市は、琵琶湖一周サイクリングの PR 動画を始め、元プロロードレーサーの三船雅彦氏が推奨し、三船氏自身が走って解説する、守山市を起点として滋賀県内各地をめぐるさまざまなコースの PR 動画を公開している。

　滋賀県米原市の市民活動団体マイクリング・プロジェクトは、ビデオ編集に長けたメンバーが参加し、記録映像や PR 動画を作成し、YouTube で公開することで情報発信力が格段に向上した。

（2）　サイクリングコースの共有に使われるサイト・アプリ

① STRAVA（ストラバ）（https://www.strava.com）

　サイクリストはウェブから情報を得るだけでなく、自分が走ったルートやおすすめコースの情報を、インターネットを使って仲間に広く伝えることを好む。スマートフォンや GPS 内蔵のサイクルコンピュータ[用語15]、GPS 内蔵ウォッチを使って自分が走ったルートをほぼすべて記録している人も珍しくない。

　STRAVA は、スマートフォンやサイクルコンピュータ等の GPS 機能を用い、走ったルートを記録し保存・管理できるサービスであり、スマートフォンのアプリ、またはパソコン用のウェブサイトとして利用できる。自転車だけに向けたサービスではないが、ランナーとサイクリストの利用が多い。走ったコースの標高の変化をグラフで表示したり、途中区間の通過タイムや勾配、消費カロリーなど詳細情報も見ることができ、トレーニングによく使われる。

　サイクルツーリズムを進める側としては STRAVA にコースをアップし、紙のサイクリングマップにそのページの QR コードを貼り付けてコースの詳細はSTRAVA を参考にしてもらう、公開されているルートから自分たちの地域の

どの道がサイクリストに好まれているのかを調べる、などの活用が考えられる。情報の拡散のためには他の SNS と併用するのがよい。

　世界地図の上に多くの人が走った所ほど明るく表示される「グローバルヒートマップ」(https://www.strava.com/heatmap/) が公開されており、自転車のルートだけを表示させることもできる。コース作りの際に有用な情報となるだろう。

＊

　コース情報の共有には、他に Google マップの「マイマップ」(https://www.google.com/maps/d/) もよく使われる。これも地図上に線を引いたり、アイコンを貼り付けたりし、ルートや地点の記録・共有ができるサービスである。

(3) 自転車情報サイト

① Cyclist（サイクリスト）(https://cyclist.sanspo.com)

　産経新聞のデジタル事業を担う会社、産経デジタルが運営するスポーツバイク関連情報の総合サイト。全国各地の自転車イベントのお知らせや報告、自転車用品の新発売情報、自転車関連ニュースなど幅広く扱っている。各地のサイクルツーリズムへの取り組み情報や関連イベント、コースの PR なども頻繁に掲載されているので、各地の取り組みの情報を得たり、自分たちの地域の PR を行うためにも有用である。

② FRAME（フレイム）(https://jitensha-hoken.jp/blog/)

　自転車の楽しみ方をブログ形式で紹介するサイト。YouTube チャンネルを通しての動画配信も行っている。各地のコースを編集部員が走って紹介する記事も多く掲載されており、自治体や観光団体とのタイアップ記事や動画の制作、掲載の依頼もできる。

　関連サイト／スマートフォンアプリとして、全国のヒルクライム好きがおすすめ峠の情報を投稿、共有できる RoadQuest (https://www.road-quest.bike) もある。

③ サイクリストウェルカム .jp（http://cyclistwelcome.jp）

　自転車を楽しむ旅のための宿とサイクリングルートを紹介するサイト。自転車を屋内で預かってもらえる、ウェアの洗濯が可能など、一定基準を満たした宿泊施設が掲載されている。サイクリングツアー、イベントの紹介も行っている。宿泊施設やイベントの登録依頼は、サイトの「お問合せ」ページから行える。

④ スポーツエントリー（https://www.sportsentry.ne.jp）

　全国のアマチュアスポーツイベントの情報が掲載され、参加申し込みや決済ができるサイト。

　参加受付や決済、参加当選者の抽選等参加者管理の機能が優れており、英語・中国語等にも対応。イベントの登録は有料だが、主催者にとって有用なサイトである。イベントの広報は独自サイトや他の媒体を使っていても、申し込みはスポーツエントリーで行う例も多い。イベントの掲載依頼も同ウェブサイト上から行える。

（4）自転車雑誌

① Cycle Sports（サイクルスポーツ）（https://www.cyclesports.jp）

　通称「サイスポ」。1970（昭和45）年創刊の老舗自転車雑誌。八重洲出版が発行している。同名のウェブサイトも運営しており、イベント情報や新製品情報などが掲載されている。「Cycle Sports 特別編集」のムックとして全国各地の自治体とタイアップし、サイクリングガイドブック「ニッポンのじてんしゃ旅」シリーズも刊行している。

② BiCYCLE CLUB（バイシクルクラブ）（https://funq.jp/bicycle-club/）

　通称「バイクラ」。Cycle Sports と並ぶ二大自転車雑誌。枻出版社の発行。こちらも同名のウェブサイトも運営している。同社はサイクリング情報を中心にした雑誌「BICYCLE PLUS」も発行している。

(5) 自転車展示・試乗会

① CYCLE MODE（サイクルモード）（http://www.cyclemode.net）

　毎年 11 月に千葉県の幕張メッセでスポーツバイクの展示会としては日本最大の CYCLE MODE international が開催される。また、3 月には大阪府吹田市の万博記念公園で CYCLE MODE RIDE OSAKA が開催される。主催はテレビ大阪系列の展示会・イベント主催運営会社のテレビ大阪エクスプロを中心とした実行委員会。スポーツバイクや関連用品の展示・試乗、さまざまなゲストを迎えてのステージイベント、ウィーラースクール（子ども向け自転車教室）、サイクルレースなどが開催される。近年は e-Bike の展示や「ジテンシャ × 旅フェア」として、全国各地の自治体や観光関連団体によるサイクルツーリズムの PR ブースが増加している。

② 埼玉サイクルエキスポ（https://cycle-expo.jp）

　近年、CYCLE MODE をやや小規模にしたような内容のスポーツバイク展示・試乗イベントが各地で行われている。代表的なものが埼玉サイクルエキスポであり、毎年 2 月にさいたまスーパーアリーナで開催されている。埼玉県を中心とした実行委員会の主催で、県民の自転車利用促進を目的にしていることが特徴であり、ファミリー向け自転車の展示・試乗や子ども向けスタンプラリーも行われる。各地のサイクルツーリズム PR ブースも多く出展されている。入場無料のため有料の CYCLE MODE International を超える入場者数を誇る。

(6) 広告塔をつくる　特別アンバサダー（大使）

　サイクルツーリズムの PR のうえで、広告塔になる人を採用することで情報発信力が高まる。

　滋賀県米原市の市民団体マイクリング・プロジェクトでは、サイクリングインストラクターの平野由香里氏を起用し、アンバサダー（大使）に就任してもらうことで、効果的な情報発信を行っている。平野氏は、全国各地のサイクル

写真 10·1　平野由香里氏

写真 10·2　三船雅彦氏

イベントに MC（司会）やゲストとして参加しており、さまざまなファンやつながりを持っている。そうした人材と連携することで、その広告塔を中心に Facebook や Instagram、ウェブサイト、雑誌などメディア媒体を通じて効果的な発信をすることができている。また、広告塔がいることにより、プロジェクトのボランティアスタッフの士気も高まり、活動に参加したい、継続させたいという思いも生まれている。

　SNS の項でも触れたように、滋賀県守山市は、元プロロードレーサーの三船雅彦氏を同市の「自転車特命大使」に任命、三船氏が守山市作成の「ビワイチ推奨コースマップ」の監修やコース PR 動画への出演、市長と共にビワイチを走っての PR 等を行っている。三船氏は守山警察署からも「サイクルポリス」の名誉隊長に任命されている。

　愛媛県では、中村時広知事自らトップダウンで自転車新文化（「**20** 住みよい地域づくりのために」(3) p.195）の推進を行い、知事自身がロードバイクに乗りサイクルイベントに積極的に参加、サイクルジャージを着て各種メディアにも登場するなど、広告塔として大きな役割を果たしている。このように自治体のトップ自身が自ら先頭に立って推進していく姿勢を内外に示すことは重要である。

3

より楽しんでもらうための
サービスの充実

11 サイクリング支援ステーション

（1）サイクリスト支援のシステムを整備する

　サイクルツーリズムを進めるうえで考えなければならないのは、サイクリストへサービスを提供するシステムの整備である。「トイレはどこにあるのか」などのほか、特に初級から中級の自転車の観光客は自転車のトラブルや体力の消耗などによる不安を抱えているので、その悩みを少しでも解消し、楽しく、気持ちよく走れるようにするための支援システムである。

　現在、サイクルツーリズムの先進地においては、行政が地域の店や施設等に呼びかけて、応じたところに空気入れや自転車用工具、目印ののぼりなどを提供し、支援ステーションになってもらうシステムを整備している。以下の例の

表11・1　各地のサイクリング支援ステーションの例

施設名	地域	箇所数	URL
サイクルオアシス	愛媛県 広島県 高知県	約350 カ所 約100 カ所 約50 カ所	http://www.cycle-oasis.com https://www.city.onomichi.hiroshima.jp/site/onomichikanko/1312.html https://kochi-cycling.com/2018/05/02/こうちサイクルオアシスのお知らせ /
サイクルサポートステーション	滋賀県	約300 カ所	https://pluscycle.shiga.jp/station/
サイクルサポートステーション	茨城県	約400 カ所	https://www.ringringroad.com/support/
サイクルステーション	和歌山県	約250 カ所	http://wave.pref.wakayama.lg.jp/cycling/facilities-page.php?catId=1
バイシクルピット	静岡県	約400 カ所	https://hellonavi.jp/cycling/route/fuji-izu/bicycle-pit.html
サイクルピット	栃木県・福島県 （那須町、白河市、西郷村）	約150 カ所	

ように地域により呼び方はさまざまである。

(2) サイクリストが望む支援ステーションのサービスとは

サイクリング支援ステーションとして最低限求められる機能は、トイレ、休憩場所、給水、空気入れの提供などがあげられる。

必要最低限のサービスが満たされていれば、支援ステーションで提供するその他のサービスは、それぞれの地域の実情にあわせて決めていくとよい。大切なことは、考えられる100％のサービスを用意することではなく、「ここで提供するサービスは○○です」ということをサイクリストにきちんと伝えることだ。「サポート」という言葉に対する印象はそれぞれ異なるので、過剰な期待を抱かせると、理不尽な反発を招くことになる。

サービス内容については、しまなみ海道やビワイチ（滋賀県）、つくば霞ヶ浦りんりんロードなど先進的にサイクルツーリズムを進める地域の事例が参考となる（口絵41 p.26）。

クルマの移動に対するサービスを提供する施設、高速道路におけるサービスエリアや一般道路における道の駅などを参考に考えるとわかりやすい。

クルマに比べて自転車での来訪者を受け入れるためには、必ずしも大規模な施設が必要ではないため、支援サービスの提供ができれば、さまざまな施設がサイクリストへの支援ステーションになることができる。

(3) 支援ステーションの役割と求められるもの

① 正しい理解でサービスの質を保証する

支援ステーションに求められる役割の第一は、サイクリングをする人にとって必要なサービスは何かという理解と、サイクリストへの思いやりをもったうえで支援することだ。

まずは「サービス（有償、無償を問わず）を利用してほしい」という運営者の「サイクリストウェルカム」の姿勢は欠かせない。「支援ステーションになれば集

客できる」という安易な発想で、サイクリストに関する基本的な理解が充分でないまま支援ステーションを運営する者がいては、その地域のサイクルツーリズム全体の評価が下がる。そのため、各支援ステーション運営者の自転車、サイクリストに関する理解を促すための取り組みが必要である。

事例1 滋賀県におけるサイクルサポートステーション講習会

　滋賀県では、サイクルサポートステーションの登録要件として、トイレの提供とスポーツバイク用の空気入れ、工具セット設置を求めている。また、情報提供などの「おもてなし」により、サイクルツーリストと地域の人々との交流の橋渡しの役割を期待している。そのため、県内の登録団体に、年1回の講習会・情報交換会を実施し、「サイクリストへのおもてなし」「スポーツバイクへの理解」「交通ルール、マナーの周知」「地域とサイクリストを結ぶ役割」などの講習を行い、受講施設に対して認定証を発行している。

　初年度の講習会には、茨城県で地域での活動を先進的に推進したNPO法人りんりんプロジェクトの有野真由美氏を招き、私設サイクルピットを運営した経験から、サイクリストが望むサポートについて、活動の写真を交えた紹介を受けている。

写真 11·1　スポーツバイクの基本的な構造を実演で説明

　滋賀県では、個人経営の商店やコンビニエンスストア、道の駅など多様な施設がサポートステーションとして登録されている。年1回の講習会・情報交換会では、互いに経験したことがらを共有すると共に、サイクリストが求めているサービスや情報などについて、他業種間で補完しあうこともでき、その効果をあげている。

② サイクリストを地域とつなぐ

　個々のサービス提供もさりながら、サイクルツーリズムを推進する際、支援

ステーションに求められるもっとも重要な役割は、地元とのかけはしである。この機能がうまく果たせるステーションが増えるほど、訪問する人、迎える人が共に楽しめる空間が地域全体に創出できる。サイクルツーリズムが地元に根付き成功するか否かはここにかかっていると言っても過言ではない。サイクルツーリズムの先進地、しまなみ海道の事例が参考になる。

事例2 サイクルオアシス

サイクルオアシスは、これまで述べたようなサイクリストへのサポート機能はもちろん備えるが、第一の目的は「旅人と住民の交流・休憩の場所」の提供である。

元々、しまなみ海道で島の人が自前でベンチを置いて自転車の人がひと休みできる休憩所を作っていた、それにヒントを得て始まった「しまなみサイクルオアシス」からスタートし、愛媛県全体に広がった。自分の家や商店の軒先を貸してもらい、必要機材を県が貸し出す。最低限必要な機能は、空気入れ、トイレの貸出、インフォメーション（地図・地元情報パンフレットの常備）、給水、休憩所（ベンチ）。口絵 40 (p.26) のようなタペストリーが目印である[8]。

2011（平成 23）年にシクロツーリズムしまなみ（「**18** ステークホルダーと進めるための体制づくり」(1) ① p.171）が提案し、愛媛県の今治支局の事業として「しまなみサイクルオアシス」の整備が始まった。以前に「しまなみスローサイクリング協議会」として、共にサイクルツーリズムの企画を考えた島の人たちに相談することで、サイクルツーリストを歓迎したいという思いを持つ20 軒が初年度に集まった。地域で暮らす人々とツーリストをつなぐことを目的にしていたため、数を増やすことを第一義とせず、あえてチェーン店などには声をかけなかったと言う。翌年からシクロツーリズムしまなみが運営を受託。集客につなげることを考えるお店などからの問い合わせが増えていくが、応募があった際には、運営元が必ず現地調査を行い、コンセプトを説明して方向性を共有したうえで選考を行っている。愛媛県が尾道市に呼びかけ、尾道市の運営で広島県側にも広がった。行政域を超えて同じ仕組み、同じデザインで広がるのは画期的なことであった。

サイクルオアシスを通じてサイクリストとの交流を楽しむ人々が、その思い

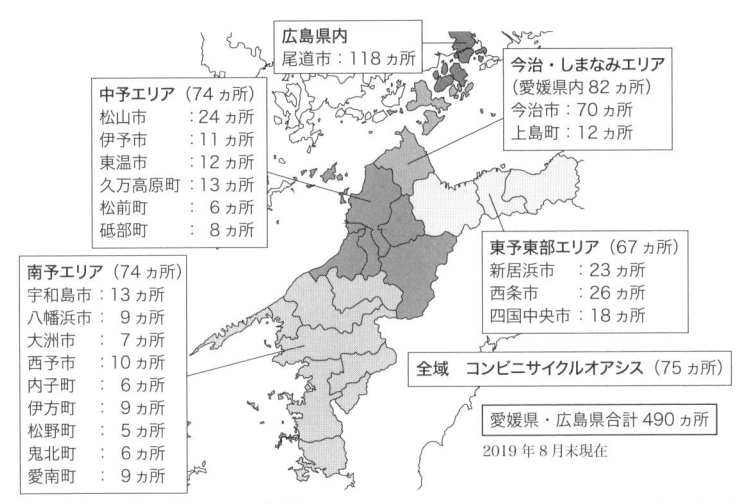

図 11·1　サイクルオアシスの場所　(データ提供：愛媛県自転車新文化推進室、尾道市観光課)

広島県内
尾道市：118 ヵ所

今治・しまなみエリア
（愛媛県内 82 ヵ所）
今治市：70 ヵ所
上島町：12 ヵ所

中予エリア（74 ヵ所）
松山市 ：24 ヵ所
伊予市 ：11 ヵ所
東温市 ：12 ヵ所
久万高原町：13 ヵ所
松前町 ： 6 ヵ所
砥部町 ： 8 ヵ所

東予東部エリア（67 ヵ所）
新居浜市 ：23 ヵ所
西条市 ：26 ヵ所
四国中央市：18 ヵ所

南予エリア（74 ヵ所）
宇和島市：13 ヵ所
八幡浜市： 9 ヵ所
大洲市 ： 7 ヵ所
西予市 ：10 ヵ所
内子町 ： 6 ヵ所
伊方町 ： 9 ヵ所
松野町 ： 5 ヵ所
鬼北町 ： 6 ヵ所
愛南町 ： 9 ヵ所

全域　コンビニサイクルオアシス（75 ヵ所）

愛媛県・広島県合計 490 ヵ所
2019 年 8 月末現在

を一般住民に伝える座談会「オアシスミーティング」を開催したり、「オアシス新聞」を発行する活動も起こった。地域の人自らが主体的に参加、自らが工夫して旅行者を迎え、育っていき、それが地域の振興につながる制度となった。

　さらには島嶼部だけではなく愛媛県の事業「愛媛マルゴト自転車道」と連動して愛媛県全域に広がった。これもすべて同じ仕組み、同じデザインのタペストリーである。現在、愛媛県全域で 372 カ所、広島県側 118 カ所までになっている（図 11·1）。コンビニエンスストア対象の「コンビニサイクルオアシス」も 75 カ所になっている。

(4)　多様な支援ステーション、注意すべき点は

　支援ステーションはある程度の広さ（自転車 2 〜 5 台程度の駐輪スペース）があれば、その役割を果たすことができる。

　サイクルラック（「**13** その他サイクリストが求めるサービス」(2) p.126）を設置するだけで「サイクリストウェルカム」の気持ちを表すことができ、トイレの利用、水筒への水の補給、空気入れの貸出などのサービスを提供できれば、充分おもてなしの気持ちが伝わり、地域のイメージアップにもつながる。

比較的小規模な店舗でもその役割を果たせる一方、近年各地で整備されている「道の駅」はその機能から考え、サイクリング支援ステーションとして積極的に共用したい施設だ。

　ただし、自転車以外を対象とした施設とサービスを共用するときには、注意しなければならない点も多い。

① 動線を明確にする

　まずは、安全確保のため、クルマと自転車の動線を明確にわける必要がある。駐車場（クルマ）と駐輪場（自転車）への動線がクロスするような設計は危険である。また、動線が明示されていないと、サイクリストはどこに行けばよいかわからず、クルマとの接触などの危険性が生じる。

　ドライバーからクラクションを鳴らされるなどサイクリストの「嫌な思い」はツーリズム振興にはマイナスだ。この施設はクルマと自転車にサービスを提供する施設であることを明示し、それぞれの動線をわかりやすく標示したい。

　また、大規模施設では、その施設のどこに行けばサービスが受けられるのか、わかりにくい場合がある。支援ステーションのサインを出す場所に、サービス提供場所を明示しよう。

写真11・2　駐車場における動線の標示例　滋賀県草津市　エイスクエア

② 駐輪場所に配慮する

　駐輪場については、標示をわかりやすくするだけでなく、その設置場所にも配慮が必要だ。スポーツバイク、特にロードバイクは高価なものが多く、サイクリストにとっては大切な旅のパートナーだ。

写真11・3　サイクリストウェルカムの駐輪場　滋賀県大津市　茶丈藤村

鍵をかけていてもその構造上、悪意のある人間がいれば簡単に持ち去られてしまう。

　サイクリストが休憩する場所の近く、できれば常に視野に入る位置に設置することが望ましい。駐輪場の位置だけで、その施設のサイクリストへのおもてなし度が伝わるものである。

③ サービス内容を明示する

　このステーションではどういったサービスが提供できるのか、わかりやすく標示したい。せっかく空気入れや予備のチューブなどの備品を備えていても、わからなければ利用できない。反対に、「支援ステーションであるからこういったサービスがあるのは当然だろう」という思い込みからトラブルになることも、ある程度は回避できる。

④ 他の観光客とのトラブルを回避する

　自転車の観光客に特有の問題で、他の手段で訪れた客との摩擦が起こる場合がある。そのひとつに、雨や汗で濡れた服で椅子が濡れ、その後に座った客からクレームが出るという問題がある。滋賀県での講習会・情報交換会でも、施設の担当者からそういったトラブルについて何件か報告がされている。逆に、雨で濡れた状態では、なかなか施設の中に入りにくいと、利用を遠慮するサイクルツーリストも多い。

　こういった問題には、濡れたとしても簡単に拭き取ることができる、布製ではない椅子（プラスチック製など）をサイクルツーリストに用意することで対処できる。1枚のタオルを濡れた人用に設置しておくことも嬉しいサービスだ。こういったサービスは無償にする必要もなく、タオルを入れたかごの横に1回使用ごとに〇円入れてくださいという形であれば、従業員の手を煩わすことも少ない。可能であれば、バルコニーのように屋外に雨や日差しがよけられる休憩場所が設置できれば、気持ちよく利用してもらえる。滋賀県での情報交換会では、屋外で屋根付きのサイクルツーリストの休憩場所を確保しているという対処法が、ある施設から紹介されていた。

（5）地元の人に受け入れられるシステムづくりを

　サイクルツーリストへのサービスを提供する側の地元への配慮も必要不可欠だ。望まれている支援サービスの中で、トラブルへの対応は大きな位置を占める。パンク、チェーンのトラブルなど、自転車ならではのトラブルに対応できる体制づくりは重要だ。こういったことに対応するには一定の技術が求められるため、地域で営業する自転車店の協力が欠かせない。

　ただし、自転車の観光客には、すべてのサポートが無償であるわけではないということをきちんと伝える必要がある。

　「道の駅の従業員が、トラブルで困ったサイクリストに近くの自転車店の情報を提供する」は、無償であってもよいかもしれない。ただ、サイクルツーリストが「自転車店に自力で行けないので、迎えに来てほしい」と依頼するとしたら、それは当然のことながら有償である。当たり前のことでも伝え方を間違えると、トラブルの原因となる。「ここを訪問すればサポートが受けられると宣伝していたから訪問した。支援ステーションと言うなら、無償で対応すべきだ」というクレームを付ける訪問客が出るという問題も実際に聞かれる。無償でのサービス提供を求めるのではなくても、訪れた自転車店が接客中にも関わらず、優先して修理をしてほしい（支援ステーションならば外から来たサイクリストを優先すべき）と言うサイクリストも残念ながら見受けられる。現実にそういったことで迷惑を受けた事業者もあり、度重なると、「不本意ながら、支援ステーションとしてのサービス提供をやめる」という事業者が増えることも起こりえる。

　地域の住民や事業者等の協力を得るためには、過剰なサービスを連想させるPRはすべきではない。身の丈にあった、できるサービスを正確にサイクルツーリストに伝えることが、本当の意味でのサービスといえる。

12 サイクリングの拠点施設

（1）サイクリング推進拠点を整備する

　サイクルツーリズムの先進地では、サイクリング支援ステーションに加え、サイクリングの推進拠点となる施設の運営整備が行われている。

　その規模はそれぞれだが、機能としては、サイクリング支援ステーションに求められるものに加え、マップなどサイクリング情報の提供、スポーツバイクのレンタル、休憩とあわせたシャワー施設の設置、自転車の整備、ガイドツアーの実施など、サイクルツーリズムに必要なさまざまな多岐にわたるサービスが提供されている。飲食店や宿泊施設を整備しているところも見られる。

　この拠点を設けるうえでまず重要なのは、立地（ロケーション）だ。特に新規で施設を造る場合、「ここだから造れる」ではなく、「この場所に必要だから造る」ということが原則である。自転車の観光客が利用する動線上にない、たとえば駅など公共交通機関とのアクセスが悪く、サイクリングで観光を楽しみたいと思っている人が施設を利用するために行くことが難しいなど、「場所」ありきの発想で、非常に立派な施設を作ったのにも関わらず、利用率が上がっていないという例も残念ながら多い。

　提供する側の論理ではなく、サービスを受ける側、ツーリスト目線に立って、どこに、どのような施設を設計するか。当たり前のようであるが、短期的な費用対効果で間違った判断をしないように充分なリサーチが必要だ。

　整備の方法としては、既存の施設に自転車の観光客へのサービスを付加したものと、最初からサイクリストのために設けたものが考えられる。

事例 1 **米原駅サイクルステーション**（滋賀県米原市）

　ビワイチや米原市内の観光サイクリングの新たな拠点として 2016（平成 28）年に米原市が設置した施設である（口絵 43 p.26）。新幹線駅直結型のサイクリング拠点施設は全国初であり、スポーツバイクの貸し出しはもちろん、更衣室やシャワー室も備えている。施設の運営は NPO 法人五環生活が行う。

　レンタサイクルにはヘルメット、ライト、鍵、サイクルコンピュータ^{用語 15}が標準で装備され、無理なくビワイチを楽しめるよう、交通利便性のよい県内の施設と連携し、途中返却を 6 カ所で可能にしている。

　ロケーションや設備、提供できるサービスの内容に加え、自転車をしっかりとメンテナンスできる資格をもったスタッフが居ることも大きく評価できる。（「**7** レンタサイクル」(3) 事例 2 p.76）。

事例 2 **PLAYatre TSUCHIURA**^{※ 9}（茨城県土浦市）

　霞ヶ浦や筑波山方面へのサイクリングの推進拠点として、JR 土浦駅ビルに整備された施設である。

　2018（平成 30）年 3 月に第一弾がオープン。1 階にはサイクルショップ「le.cyc（ル・サイク）」が入居し、スポーツバイクや e-Bike のレンタサイクルも行なっている。自分で輪行車^{用語 7}の組み立てやメンテナンスを行うためのスペース、およびサイクリングマップや各種パンフレットが置かれた情報スペースも設置されている。ビル内の通路にはブルーラインが引かれ（口絵 42 p.26）、自転車を押して店内に入ることができ、エレベータも自転車と共に乗れる。同じく 1 階にあるタリーズコーヒーはイタリアの有名自転車メーカー Bianchi（ビアンキ）とのコラボレーション店舗である。

　地下 1 階には、駐輪場に加えて、無人貸出式でクロスバイク、ミニベロ、電動アシスト自転車のレン

写真 12・1　タリーズコーヒー内に設置されたサイクルラック（写真提供：PLAYatre TSUCHIURA）

タサイクル「HELLO CYCLING」を設置。その他、コインシャワー、コインロッカー、無料の更衣室が完備されている。

　1階のle.cycおよび地下1階の駐輪場を除くサイクリスト向けの設備は、「りんりんスクエア土浦」として、茨城県が主体となり土浦市およびJR東日本と連携して整備した施設である。

　2019（平成31）年4、5月には2階、3階にレストランゾーンや書店がオープン。さらに2020（令和2）年春以降、3階から5階に自転車をそのまま持ち込み可能なサイクリングホテルのオープンが予定されている。

事例3 ONOMICHI U2（広島県尾道市）

　しまなみ海道の本州側の起終点、尾道駅から徒歩5分程度の場所にあるホテル・レストラン・ショップの複合施設である。戦時中に建てられた海運倉庫「県営上屋2号」を改装したもので、「U2」の名称は「上屋2号」から取られたものであり、外観は倉庫をほぼそのまま活かしている（口絵44 p.26）。

　しゃれた空間に生まれ変わった内部には、ホテル、サイクルショップ、雑貨や飲食品のショップ、レストラン、カフェ、ベーカリーが入居。扱っている商品や内装にデザイン・品質と地域の特産品を活かすことへのこだわりが随所に見られ、サイクルツーリストのみならず観光客や地元の人にも楽しめる空間になっている。

　世界最大のスポーツバイクメーカー、ジャイアントのジャイアントストア尾道にはレンタサイクルも用意され、今治駅内にあるジャイアントストア今治と相互返却が可能である。

　HOTEL CYCLEは、自転車を持ったままチェックインし部屋に持ち込み可能であり、部屋にはロードバイクのハンドルを利用した自転車ハンガーが設置されている（写真12・2）。さらには自転車のメンテナンススペースや、工具のレンタル、イタリアの自転

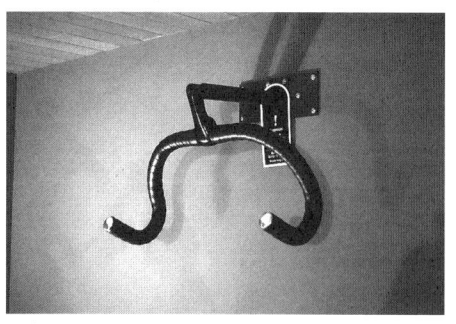

写真12・2　ロードバイクのハンドルを利用した、HOTEL CYCLE客室内のサイクルハンガー

車メーカー、コルナゴのレンタサイクルも宿泊者用に用意されている。外国人、特に欧米人の宿泊が多いそうである。

ホテルの前には別棟で、宿泊者以外も利用可能なコインシャワー、コインロッカー、トイレが行政により設置されている。

事例4 シクロの家（愛媛県今治市）

NPO法人シクロツーリズムしまなみが運営するゲストハウスである（口絵45 p.26）。ゲストハウスとは相部屋をメインにしたリーズナブルな宿で、近年全国各地で増加している。たいてい旅好きのオーナーの手によって運営され、宿泊だけでなく旅人同士の情報交換の場として機能している。

シクロの家も同様に、シクロツーリズムしまなみのスタッフであり、夫婦でタンデム（2人乗り）自転車で10年間かけて世界をめぐった宇都宮一成氏の経験が活かされている場所であり、サイクリストや旅人に加えて地域の人も含んだ交流拠点となっている。また、「しまなみサイクルオアシス」（「**11** サイクリング支援ステーション」(3)② 事例2 p.113）の総合運営および推進拠点にもなっている。

今治駅前のかなり古い建物だが、明るくこじゃれた雰囲気に改装されており、中に居ると古さを感じさせない。玄関を入るとすぐにリビングスペースである。しまなみ海道をはじめとする近隣のサイクリングマップやガイドブック、今治のおすすめ店をまとめたファイル、ゲストブックなどが用意され、宿泊者以外のサイクリストや旅人、地元の人も気軽に立ち寄り、情報を得たり交流したりする場となっている。チェックイン時にはゲストハウス利用上の注意点や今治の街の楽しみ方などをじっくり時間をかけて説明してくれる。

リビングスペースの隣の部屋も交流スペースで、中央に大きなテーブル、そして周りを囲む本棚には「シクロライブラリー」として自転車や旅行関連の書籍、全国各地のゲストハウスのパンフレッ

写真12・3　シクロの家のリビングスペース

トも揃い、日本各地を周るサイクリストや旅人のニーズにも対応する。部屋の本棚に対する反対側にはキッチンがあり、コンロや電子レンジ、炊飯器、食器など自炊用具も完備されている。自転車の駐輪場所も建物内にあり、メンテナンススペースを兼ねており、工具類も揃っている。長期の旅人向けにコインランドリーも用意されているなど、サイクリストや旅人のきめ細かいニーズに対応すると共に、交流を生み出すためのさまざまな工夫が凝らされている。

あえて食事は用意せず、街の店で食べてもらうことで、宿泊者と街をつなぐ機会としている。「まちをひとつの宿」だとする考えだ。

自転車旅のコンシェルジュとして、しまなみ海道を走る人に途中の島の見どころを紹介し、宿泊もしてゆっくり回ってもらうことを勧め、島の経済にも貢献している。

さらに、しまなみ海道や近隣地域に移住を希望する人に「シクロクルー」としてシクロの家に住み込み、働きながら住む所を探してもらうことで、移住支援も行っている。

(2) 既存施設を利用して拠点を作る

全国で注目されているサイクリング拠点施設には、行政が整備するなどして一から設置された複合施設が多いが、既存の施設を活用して拠点を作ることもできる。たとえば、一般道路の拠点として整備されている「道の駅」は、移動中に必要とされるサービスとして、休憩所、トイレ、売店、食堂、駐車場などを備えている。これら休憩施設としての機能に加えて、道路利用者や地域の人々のための「情報発信機能」、さらに道の駅をきっかけに町と町とが手を結び活力ある地域づくりを共に行うための「地域の連携機能」を果たす施設として各地に広がっている。道の駅は自転車の観光客との親和性も高い。公共交通との接続はよくないが、自転車をクルマに積んできた自転車の観光客が道の駅の駐車場に停めて、そこからサイクリングに出かけるといった利用の仕方はありえる。柔軟な発想でサイクリングの拠点施設を設置できるようにしたい。

5. 駅前の一番便利な場所に整備される駐輪場

観光用ではなく日常利用のためであるが、ドイツでは駐輪場も非常に充実しているため、ここで紹介する。

人口が20万程度以上の街の大きな駅には、ほぼ屋内の駐輪場が整備されている。2段式の自転車ラックが並び、自転車の修理も行っている。朝、通勤時に自転車を預けておけば、夕方帰るときには修理ができている。また、自転車用品の販売、新車や中古車の自転車自体の販売を行っているところもある。市内の地図など自転車に関するパンフレットも置かれている。

多くの街で、駐輪場は駅を出てすぐ、駐車場やバス・トラムの乗り場より便利な場所に作られている。環境、健康など多くのメリットがある自転車をもっとも優遇するという考えである。

環境首都として有名なフライブルクでは、中央駅の駐輪場の建物にADFCをはじめとする交通関係のNPOや鉄道、バス、旅行会社等の事務所が同居している（写真1、2）。また、駐輪場から中央駅ホームをまたぐように作られたトラムの駅に直接出ることができ、そこからさらに駅の各ホームに直接下りることができる（写真3、4）。ヨーロッパの鉄道は信用乗車方式（改札がなく、そのまま列車に乗れる。車内で抜き打ちで切符のチェックがあり、適切な切符がないときは多額の罰金を取られる）で改札が不要なため、このようなことが可能である。

写真1　フライブルク中央駅の駐輪場

写真2　駐輪場2階の交通関連団体の事務所

写真3　中央駅のホームをまたぐように設けられたトラムの駅　駐輪場から直接ここへ出られる

写真4　トラム駅から直接ホームに降りられる

13 その他サイクリストが求めるサービス

（1）サイクルレスキュー

パンク等、自転車の故障の際に対応してくれるサービスがあるとサイクルツーリストにとっては安心感につながり、特に初心者層の来訪の増加が期待できる。上級者ならパンク修理程度は自分で可能だが、対処不可能な故障が起こることもあり得る。

対応方法としては、修理してもらえる自転車店等のリストを公開する、自転車を運搬できるタクシーの用意、出張修理が挙げられる。

滋賀県では近江タクシーが車内に自転車をそのまま載せられるタクシーを運行中だ。ワゴン車の後部に固定用のワイヤーと自転車カバーを装備し、自転車を2台まで積み込み可能である。料金は通常のタクシーと同じで、14台運行している。同様の方式で神奈川県タクシー協会横須賀支部に加盟する7社でも「サイクルレスキュータクシー」として、また、岩手県盛岡市の株式会社ふるさと交通でも運行を行っている。

タクシーのトランク部分、もしくは屋根の上にサイクルキャリアを搭載した車両は、青森県で5社、栃木県内の那須地域で3社、他に伊予鉄タクシー（愛媛県）、松江一畑交通（島根県）、勝山タクシー（福岡県北九州市）、そして後述するしまなみ海道で運行している。

サイクリング中のトラブルに対応する出張修理は滋賀県近江八幡市にある自転車店、サイクルショップライフが、「びわ湖サイクルレスキュー」として行っている例がある。

事例1 しまなみ海道でのレスキューシステム

　しまなみ海道の愛媛県側の島には自転車店がない。島の人々は自動車修理工場でパンクを直してもらってきた。しかし、工場の人たちはスポーツバイクの修理方法は知らなかった。そこで、シクロツーリズムしまなみがパンク修理講座を行い、できる範囲での対応を行うシステム「しまなみ島走レスキュー」[※10]を作った。現在、しまなみ海道に加えて隣接する上島町内の弓削島・生名島・岩城島、そして尾道市内も含め、21カ所がレスキューポイントとして登録されている。トラブルがあった際には、それぞれのレスキューポイントに電話で相談、自転車を押していき、修理をしてもらう。あくまで応急処置であり、できる範囲で対応するというシステムのため、各レスキューポイントの対応可能な日時、内容等は各参画者の任意により運営されている。

　加えて、タクシーのトランク部分にサイクルキャリアを搭載したレスキュータクシーを、愛媛県内の3島、および尾道市のタクシー会社が運行している。

　しまなみ島走レスキューのシステムとは別に、今治市が、ワゴン車による出張修理を行う「しまなみサイクルセーバー」の運営を行っている。サービスエリアはしまなみ海道の愛媛県内3島で、自転車のチューブ販売・交換作業、ブレーキ調整等応急処置、サイクルパーツの販売を行う。出張料金はエリア内一律500円である。サイクリストの搬送は行わない。ただし、2019（平成31）年4月現在、自転車安全整備士[用語14]の資格を持った職員の退職により一時休止中とのことである。尾道市側でも「サイクルセイバー」として同様の事業をONOMICHI U2（「12 サイクリングの拠点施設」(1) 事例3 p.120）が行っている。

事例2 au の自転車向け保険付帯のロードサービス[※11]

　au損保が運営する自転車向け保険「Bycle」には、自転車向けロードサービスが付帯している。auの携帯利用者以外でも加入でき、パンクやチェーン切れなどの故障、電動アシスト自転車のバッテリー切れ、夜間のライト電池切れなどのトラブルの際にロードサービスカーで駆け付け、運搬を行ってもらえる。トラブルの際にはスマートフォン用の専用アプリ「自転車の日」で現在位置を

伝える、もしくは自転車ロードサービスデスクへ電話する。自宅から 1 km を超えていれば利用可能で、50 km 以内なら無料で搬送を行う。年に 4 回まで利用でき、年中無休で 24 時間対応を行っており、全国ほとんどの地域で利用が可能である。搬送はクルマに対するロードサービスを行う事業者等と提携し実施している。

(2) サイクルラック

ロードバイクにはスタンドを付けない人が多い。フレームに無理な力がかかることで歪みが出たり、余分な部品が付くことで自転車のスタイルを崩す、その分重くなる、などが理由である。そのため、駐輪の際には自転車を壁などに立てかけたり、上下逆にして置いたりといったことが行われる。

最近、サイクルツーリズムの推進を行う地域では、店の前などにサイクルラックを用意することが増えている。サイクルスタンド、バイクラックとも呼ばれ、鉄棒のような形状でスポーツバイクのサドルを引っかけて使用する駐輪具（写真 13·1）である。元々サイクルイベントで多くのスポーツバイクが集まる際に使われていたものだが、サイクリスト歓迎の店であることを表すために、店の前の目立つ場所に設置する所が増えている。自治体やサイクルツーリズム推進の団体が地域の店に配付することもよく行われている。

ただし、上記のようなラックは自転車を持ち上げる必要があるため、車体が重めの自転車の場合、また力の弱い女性や子ども、高齢者には利用しづらい。さらに広い層に対応していくためには、まちなかの駐輪場で使われるような前輪固定式のラックなどの普及が望まれる。

サイクルラック設置のユニークな事例としてしまなみ海道の例が挙げられる。シクロツーリズムしまなみ

写真 13·1　サイクルラック

が 2012（平成 24）年に「しまなみ海道の風景に合って、独自性のある自転車を立てかけるスタンドを作っていこう」と全国に公募。129 作品が集まり、その中から 10 作品を選んで、プレゼンテーションをしてもらい優秀作品を決めるコンテストを行った。その最優秀作品「6 人のシクロ・ツーリスト」（口絵74 p.32）のスタンドを作成し、今治市から大三島にかけての景勝地に設置している。愛車と一緒に写真を撮ってほしい、これをめぐりながら島を回遊してほしいという主旨である。それぞれの「シクロ・ツーリスト」の背中には QR コードがあり、それをスマートフォンで読み込むと駐輪の仕方を見ることができる。

(3) 荷物の搬送

　スポーツバイクはたいてい荷物を運搬することは考えられていない。長距離旅行に対応して、前輪や後輪の両側に自転車専用のサイドバッグを取り付けるためのキャリアが付いていたり、フレームにキャリアを取り付けるためのねじ穴が用意されている車種もあるが、あまり一般的ではない。荷物を持って重くなればその分疲れやすくなり、走行距離にも影響する。荷物の量が少なければリュックサックに入れて背負ったり、サドルの下に取り付ける自転車用のサドルバッグを使用する方法もある。しかし、サドルバッグはサドルの下に固定するという性質上あまり大きなサイズにはできず、荷物を背負うと疲れやすいし、肩が凝りやすい。特に暑い時期は汗をかくと背中が濡れ、さらに熱がこもり不快であり、荷物を濡らすこともある。そのため、サイクリストはできるだけ荷物を減らそうとする。それでも、長距離を走る場合、ましてや途中宿泊もする場合はそれなりの荷物を運ぶ必要がある。

　また、輪行[用語7]で自分の自転車を遠方まで運ぶサイクリストは多いが、分解した自転車とそれ以外の荷物をかついで駅の構内などを移動するのは大変であり、列車が混んでいれば他の乗客に気をつかう必要がある。それらの悩みを解消するのが荷物の搬送サービスである。

① 自宅とサイクリング発着地間の自転車の搬送サービス

　西濃運輸が「カンガルー自転車イベント便／輸送便」[※12]のサービスを行っ

ている。車輪を外して 3 辺の合計サイズが 280 cm 未満、かつ重量が 30 kg 以内の自転車が対象となる。梱包は発注者自身が箱を用意する、もしくは西濃運輸から輪行箱を事前にレンタルし、集荷日までに梱包を行っておく。申し込みはウェブで行う。運搬が完了し目的地に自転車が到着したら、レンタル輪行箱はその当日、または翌日以降に西濃運輸が回収するという手順となる。

他に、自転車運送用ダンボールを製造・販売するコーワ株式会社と佐川急便が協同で自転車の宅配システム「シクロエクスプレス」[13] を運営している。Web から申し込むと専用の段ボールが送られてきて、それに入れて運搬してもらう。

ヤマト運輸は JCA（日本サイクリング協会）賛助会員向け限定で、「サイクリングヤマト便」[14] を実施している。こちらは段ボール箱ではなく発注者自前の輪行袋に入れることになる。

事例 しまなみ海道でのサイクリング中の荷物運搬

サイクリング途中の宿泊地間での荷物の運搬は、まず、シクロツーリズムしまなみが 2012（平成 24）年から 3 年間、「荷物らくらく便」の社会実験を行った。

2015（平成 27）年からは佐川急便が「しまなみ海道手ぶらサイクリング」[15] を開始。しまなみ海道沿い 52 カ所の提携宿泊施設間で当日中に荷物の搬送を行うサービスだ。今治駅臨時レンタサイクルターミナル、サンライズ糸山からも発送が、佐川急便今治営業所でも受け取りが可能である。

2019（平成 31）年 3 月には尾道市とヤマト運輸が「しまなみ海道手ぶら当日便」[16] の実証実験を開始した。しまなみ海道沿いにある 9 カ所の宅急便センターに手荷物を持ち込むと、エリア内の宿泊施設や宅急便センターに当日中に配送される。

(4) スマートフォンによるナビゲーション

近年は紙の地図ではなく、スマートフォンの地図を見て走る人が増えている。スマートフォンを自転車のハンドルに取り付ける専用のホルダーも多種市販されている。

滋賀県は2018（平成30）年4月に株式会社ナビタイムジャパンと共同開発した「ビワイチサイクリングナビ」を公開した（口絵75 p.32）。Androidと iPhone の無料アプリで、日本語、英語、中国語（繁体字）で使用できる。機能としては、おすすめサイクリングコースとして、ビワイチルートおよびビワイチ・プラスルート（「**14**「広域のネットワークをつくる」(1)事例1 p.134）の紹介。ナビゲーション機能として、自分が行きたいスポットを順に選択すると、それらをつなぐルートおよび距離、所要時間、消費カロリー、獲得標高[用語16]等を表示、音声によるナビゲーションが行える。観光情報や自分がいる場所の周辺のサイクルサポートステーション、道の駅、鉄道駅、カフェ、病院、宿泊施設の検索も可能である。

同年10月にはビワイチルート上に2カ所設置されたカメラの前を通過すると走行中の写真を自動で撮影し、その写真をウェブ上で購入できる機能や、走行中に画面に触れると注意画面を表示する、ながらスマホ防止機能が追加された。

アプリ提供者にとっては、アプリ使用者の走行ルート、速度、立ち寄り場所などが把握でき、施策に活かすことができる。2019（平成31）年3月時点でダウンロード数は2万件を超えた。今後、アプリ内への広告表示等により、事業者による自主運営を目指すそうである。

(5) 飲食

旅行者にとって旅先での楽しみのひとつは食べものである。特にサイクルツーリストは消費エネルギーが多いので、いきおい食べる量も増える。どうせ食べるならとその土地の名物を楽しみにしている人が多い。

ただし、サイクルツーリストに固有の条件がいくつかある。

・荷物は極力少なくしたいので、食べものを持ち歩くことはあまりしない。

・長時間にわたる運動で極度の低血糖状態になる「ハンガーノック」を避けるため、休憩ごとにこまめにエネルギーを補給する。

・汗で失われた塩分の補給のため、しょっぱいものがほしくなる。

・手軽なエネルギー補給と疲労回復に甘いものがほしくなる。

・運動中や運動後の疲労回復に酸っぱいものがほしくなる。

・運動後の筋肉回復に高タンパクの食事がほしくなる。

・疲労が強いときは油っこいものは避けがちになる。

・カロリーを消費しているので、食事にはしっかりした量がほしい。

・身体が熱くなるため、冷たいスポーツドリンクやアイスを好む。

これらはあくまで一般的な傾向であり、個々人の嗜好や体質により、実際には差が大きい。

上級者や乗り始めて間もない人のように、走ることを目的に走っている人にとっては、楽しみのために食べるのは目的地に着いてからだけで、それまではコンビニエンスストアなどで入手した簡単な補給食で済ませる場合も多い。バナナ、ようかん、大福もち、チョコレートなど手軽にカロリーがとれて、身体への負担が少ないものが好まれる。スポーツ指向の人は、バーやゼリー、顆粒状のミネラル、炭水化物、プロテインを摂れる補給食をよく利用する。

逆に、旅への指向が強いサイクリング初級から中級の特に女性にとっては、休憩ごとにおいしいものを食べることが大切になる。小さな和菓子屋やパン屋、道の駅に立ち寄って、旬の果物など地元のものを少量ずつ楽しむ。

また、ラインナップやメニューに「サイクリスト向け」を打ち出すと、自分たちは歓迎されているという気持ちになるので喜ばれる。

シチュエーションとしては、ランチや小休憩は手軽に食べてさっさと次へ行くということが多い。停めた自転車のすぐそばで、あるいは自転車が目に入る位置でパッと食べられるような環境を整えるとよい。

宿泊の場合、たいてい翌朝は早くに出発する。特にレースなどのしっかり走るイベントに参加するサイクリストは、朝食は開始の2時間前には済ませたいと考えるので、早朝の食事対応ができるようにしたい。夕食には栄養バランスのとれたものを、朝食はエネルギー源になる炭水化物を中心に、卵などの脂質が少なく消化のよいタンパク質を添えるとよいだろう。

(6) 宿泊施設

サイクリストの自転車は高価なものが多いため、宿泊する部屋内への持ち込みが望まれる。近年、サイクルツーリズムに先進的に取り組む地域では自転車

を部屋内に持ち込める宿泊施設が増加している。部屋内への持ち込みが不可能な場合でも、カギがかかり安全が確保できる室内での保管は最低限必要である。

また、食事については前項の「(5) 飲食」を参照いただきたい。

サイクルツーリストが望む宿泊施設は、その趣向によってさまざまである。インバウンド向けの高級ホテルから、地元のものが食べられる料理旅館、ゲストハウス、そしてキャンプ場までさまざまな施設を用意できることが望ましい。サイクルツーリスト向けのホテルやゲストハウスの具体例は「**12 サイクリングの拠点施設**」(p.118) で紹介している。

なお、オートキャンプ場では、自転車で来た場合でもクルマ一台分のスペースを借り、クルマと同じ料金を払わなければならない場合がある。クルマのスペースとは別に自転車やオートバイ用の安価なスペースを用意しておきたい。

(7) 記念モニュメント

サイクリングコース途中の景勝地やスタート・ゴール地点に、愛車と一緒に写真を撮れる記念碑を設置することで、SNS での拡散が期待でき、地域の PR になる。

瀬戸内しまなみ海道振興協議会と台湾サイクリスト協会が 2014 (平成 26) 年、大三島の多々羅大橋を望む地点に「サイクリストの聖地碑」[17] (口絵 76 p.32) を設置した。しまなみ海道と台湾の日月潭のサイクリングコースの姉妹自転車道協定を締結したこと、国際サイクリング大会「サイクリングしまなみ」が開催されたことを記念したものである。今治市産の大島石が使われ、二つの穴は自転車の車輪を、上の大きな石は自転車のサドルをイメージしている。

滋賀県守山市は 2017 (平成 29) 年、琵琶湖岸の第 2 なぎさ公園に「琵琶湖サイクリストの聖地碑」[18] を設置した (口絵 77 p.32)。モデルとなった田中セシル氏が初めて琵琶湖を走ったとき、琵琶湖の壮大さに感動し、その感動を表現してとったというポーズを元にしている。碑を丸く囲む道が整備され、ビワイチルートから自転車で入って碑の周りを回ることができる。

6. 駅前駐輪場でのサービスとまちなかでの駐輪

ドイツでは多くの駐輪場でレンタサイクルが用意されている。たとえばミュンスター中央駅の駐輪場では、子ども用自転車、子ども乗せの椅子付き、チャイルドトレーラー、さらにはタンデムやリカンベント、カーゴバイク等が用意されている（写真 1）。大きな荷物を運ぶ必要があるときは、駅前の駐輪場でカーゴバイクを借りればよいということである。

整備士が常駐しており、自転車の修理も行っている（写真 2）。

まちなかにも多くの駐輪場が用意されているが、たいてい鉄製の逆 U 字型のパイプに自転車をくくり付けるだけの単純なものである（写真 3）。

街灯や手すりなどにくくり付けられた不法駐輪も多い。ドイツよりさらに自転車利用が盛んなオランダのアムステルダムでの話であるが、ここでは同様の不法駐輪がドイツ以上に多い。自転車の盗難が多いこともあって、運河沿いの手すりなどに、しっかりした錠で多くの自転車がくくり付けられている（写真 4）。ただし、市の担当部署で聞くと交通の邪魔になるものや古くなって乗れなくなったもの以外は撤去していないそうである。自転車は人の役に立っているのだから、自転車が便利に使えるようある程度の不法駐輪には目をつぶるという考え方であり、一般の人々の考えも同様である。

その代わり、不法駐車に対しては非常に厳しい。見つかると 20 万円近くもの罰金を取られる。そのため、まちなかに不法駐車はまず見あたらない。

写真 1　ミュンスター中央駅駐輪場のさまざまなレンタサイクル

写真 2　ミュンスター中央駅駐輪場の自転車修理スペース

写真 3　フランクフルト繁華街の駐輪スペース

写真 4　アムステルダム運河沿いの不法駐輪

4

セクターを越えて、共に進める

14 広域のネットワークをつくる

　サイクリングコースやマップを整備し、サイクルツーリストが地域にやってきてくれるようになると、次は当初に設定したコース以外の地域もいかにめぐってもらうかを考える必要がある。そのためにはさまざまな取り組みが必要になってくるが、ここでは対象エリアを広げ、広域のネットワークを作っていくことについて事例を挙げて解説する。

（1）各地域での取り組み

事例1 ビワイチ・プラス

　琵琶湖を有する滋賀県では、琵琶湖一周サイクリングによるサイクリスト増加の恩恵を県全体に広めていくために、「ビワイチ・プラス」という琵琶湖から離れて県全体をめぐるコースを8コース用意している（図14・1）。これは、琵琶湖以外にも滋賀県内陸部のさまざまな魅力に触れていただくためであり、ビワイチを達成した人に再び滋賀県に来てもらい、他のコースをめぐってもらうためでもある。琵琶湖を1日で回ってしまうサイクリストに対しては、同時にビワイチ・プラスのコースも走ってもらうことで宿泊にもつながる。滋賀県では近江鉄道にラッシュの時間や一部の路線を除いて無料で自転車をそのまま積載することができ、このサイクルトレインと組み合わせたコースも用意している。コースの作成は、輪の国びわ湖が、県からコースの検証と細部の調整を受託し、全コース実走調査して最終決定を行った。県が発行・配付する『ぐるっとびわ湖サイクリングマップ』に、このビワイチ・プラスのコースと途中の見どころ案内を掲載し、琵琶湖一周と合わせての走行を促している。

図14・1　ビワイチ・プラスのコース（出典：「ぐるっとびわ湖サイクリングマップ」滋賀県）

事例2 しまなみ海道から愛媛マルゴト自転車道、そして四国一周へ

　愛媛県では、しまなみ海道だけではなく、県内全域での観光振興や交流人口の拡大による地域活性化のため、また「自転車新文化」の推進により県全体が「サイクリング・パラダイス」になることを目指すため、「愛媛マルゴト自転車道」[※19]（図14・2）の構想を策定、2012（平成24）年から県内20市町と共に協議会を設立し、県内全域に11の中・上級者向けサイクリングコース（しまなみ海道を含む）、および15のファミリー向けコース（現在は2コース増え17）を設定した。中・上級者向けサイクリングコースの設定にあたっては、今治市在住のマウンテンバイクプロライダー門田基志氏が実走評価を行った。2019（令和元）年現在、中・上級者向けコースについては、そこがコースであることを示す道路上に引かれた線「ブルーライン」や案内標識の整備がほぼ完了している。ブルーラインや標識の整備については「**15 道の整備**」（p.142）でさらに詳しく解説する。

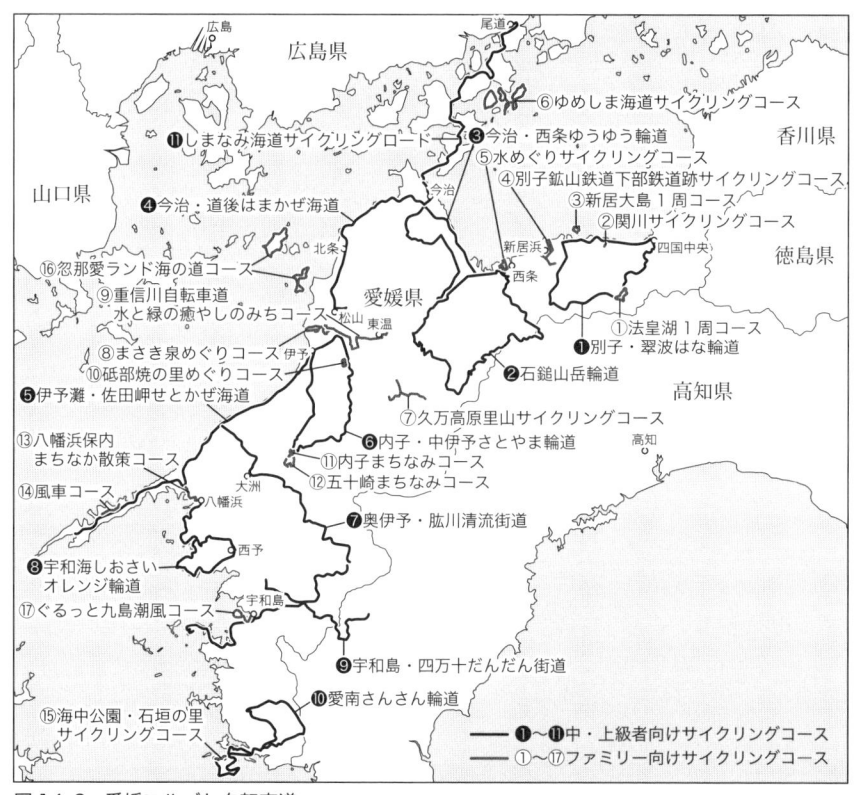

図 14・2　愛媛マルゴト自転車道　(出典：「愛媛マルゴト自転車道作戦を進行中‼」パンフレット　愛媛県)

　「愛媛マルゴト自転車道」サイト (https://ehime-cycling.jp) が公開され、コースごとの地図、高低図、見どころ案内等を見ることができる。だれでも会員として登録し、コース情報やコメントが投稿できる。

　中・上級者向けコースについては、全コースを掲載した「疾走マップ」や、コースごとのサイクリングマップも制作・配付しており、全マップをまとめて入れられるケースも用意されている。

　しかし、愛媛県全域と言っても 1 日 100 km 以上走るサイクリストはすぐに県境を越えてしまう。そこで、2016（平成 28）年から力を入れているのが四国一周サイクリングである。四国には長い歴史を持つ「四国八十八ヶ所霊場めぐり」の文化があり、そこで育まれたおもてなしの文化もある。2017（平成 29）年 10 月には「サイクリングアイランド四国推進協議会」が設立された。

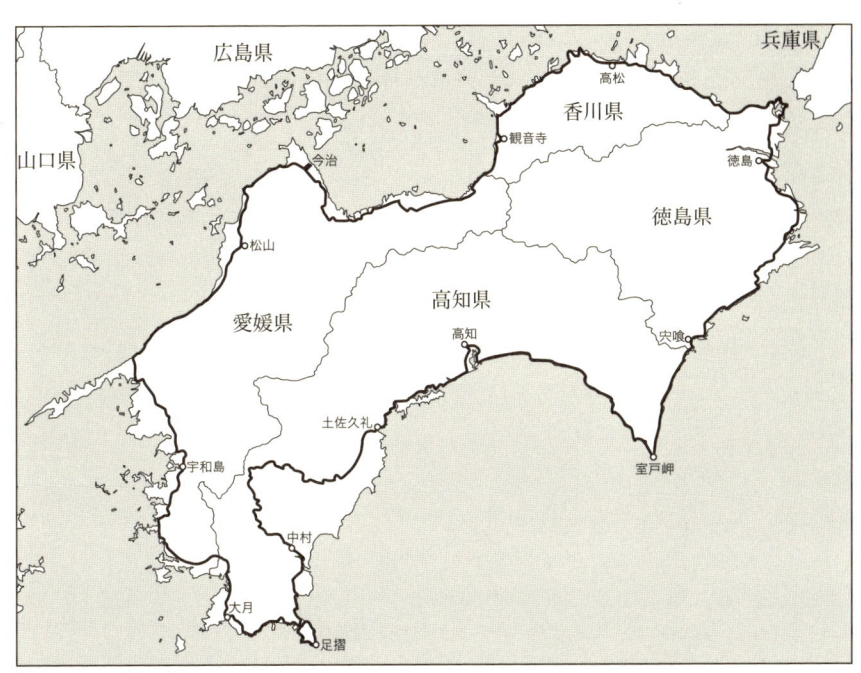

図14・3　四国一周 (出典：「四国一周サイクリング」https://cycling-island-shikoku.com/route_1000.html)

愛媛県が事務局となり四国4県や四国ツーリズム創造機構が会員になり、国土交通省四国地方整備局・四国運輸局がオブザーバーとして参加している。

「四国一周サイクリング」ウェブサイト (https://cycling-island-shikoku.com) のフォームより「CHALLENGE 1,000km プロジェクト」にエントリー、「チャレンジキット」の購入と四国サイクリング文化推進活動費のためのエントリー料金8000円を振り込むと、四国一周オリジナル「サイクルジャージ」と四国内29カ所の道の駅をチェックポイントにしたオリジナルスタンプラリーシート「公式チャレンジパス」(写真14・1) が送付される。エントリー後3年以内に一周を達成す

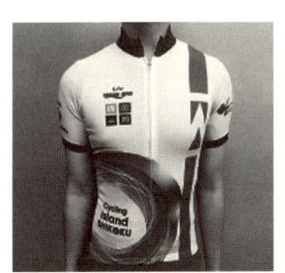

写真14・1　「四国一周」サイクルジャージとチャレンジパス(写真提供：愛媛県自転車新文化推進課)

ると愛媛県自転車新文化推進協会およびサイクリングアイランド四国推進協議会から「完走証」と記念メダルが贈られる。2019（令和元）年8月現在、エントリー約1990名、完走者は約520名である。

　四国一周サイクルジャージを着用、もしくは公式チャレンジパスを提示した人に特別割引などを提供する宿泊施設や店舗、観光施設などを「おもてなしサポーター」として登録し、公式サイトにリストを掲載している。2019（令和元）年8月現在100施設が登録されている。

　「四国一周サイクリングPR大使」として、作家で女優として活躍する一青妙氏を起用。一青氏は、2017（平成29）年に台湾一周サイクリングの経験を綴った『「環島」ぐるっと台湾一周の旅』（東洋経済新聞社）を上梓。四国一周と台湾一周は距離的にも地形的にも似ている。愛媛県では両方を完走すると「四国・台湾ダブル一周達成ジャージ」を進呈している。

事例3 広島、鳥取・島根、愛媛のサイクリング広域観光連携事業

　広島県では、しまなみ海道に続いて、2012（平成24）年に同県呉市と愛媛県今治市の岡村島を島づたいに結ぶ「とびしま海道」でも、道路端にサイクリングコースであることを表すためのブルーライン（「**15** 道の整備」(4)）事

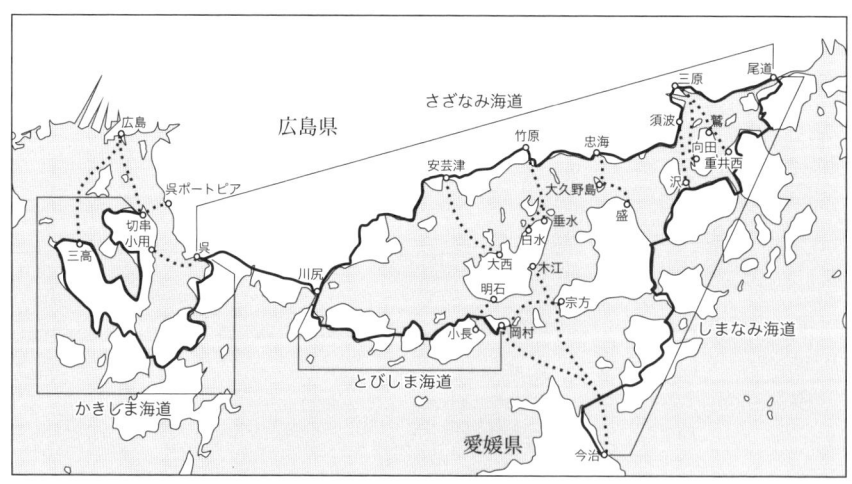

図 14・4　瀬戸内サイクリングロードネットワーク （出典：広島県「瀬戸内サイクリングロードの整備について」https://www.pref.hiroshima.lg.jp/soshiki/98/setouchi-cycling.html）

例1 p.147）や標識の整備を行った。尾道市と呉市を結ぶ「さざなみ海道」、呉市と江田島市を結ぶ「かきしま海道」でも2014（平成26）年に同様の整備が完了。4つのコースを合わせて「瀬戸内サイクリングロード」（図14・4）とし、ネットワークが完成した。

さらに、2016（平成28）年からは、鳥取、島根県と連携し、中国山地を越えて、島根県の宍道湖までつながる「やまなみ街道」、さらに、鳥取県を結ぶ「山陰ルート」の広域サイクリングルート設定も進めてきた。（図14・5）。そして愛媛県今治市と松山市を結ぶ「今治・道後はまかぜ海道」とあわせて、サイクリングマップが作られた。

図14・5 「やまなみ街道」と「山陰ルート」（出典：「しまなみ海道 やまなみ街道 山陰ルート サイクリングマップ」鳥取県観光戦略課・島根県観光振興課・広島県観光課・愛媛県観光物産課）

(2) 国レベルでの動き

現在、国全体での自転車道ネットワーク構築に向けて、以下に代表されるさまざまな取り組みが行われつつある。各地でサイクルツーリズムを推進する際にも、これらの動きに合わせて環境整備を進めていく必要がある。将来的には地域のコースを全国レベルのネットワークに組み込み、広域からサイクリストを呼び込み、また海外に向けても日本全国レベルでのサイクリスト誘致を図っていくことを視野に入れ、進めていかなければならない。

事例1 ナショナルサイクルルート[※20]

「ナショナルサイクルルート」は、国が定める基準を満たしたルートを認定

する制度で、2019（令和元）9月に創設された。その目指す方向性は、国土交通省自転車活用推進本部からの資料によると図14・6のとおりで、将来的には、ドイツのように国全体を結ぶ自転車道ネットワークをつくることまで視野に入れている。認定のための要件として表14・1の内容が定められている。各地の自治体からの申請ではなく、国土交通省自転車活用推進本部事務局が選定した候補ルートについて、第三者委員会の審査を経た上で本部長が指定を行う。ルートや受け入れ環境の整備だけでなく、地方版自転車活用推進計画に具体的に位置づけることや、サービス水準を維持していくための官民が連携した常設の協議

> 自転車活用推進法に基づき、自転車を通じて優れた観光資源を有機的に連携するサイクルツーリズムの推進により、日本における新たな観光価値を創造し、地域の創生を図るため、ナショナルサイクルルート制度を創設する。
> サイクルツーリズムの推進に資する魅力的で安全なルートであることなど、一定の要件を満たすサイクリングルートを対象としてナショナルサイクルルートに指定する。
> 将来的には、全国のナショナルサイクルルートのネットワーク構想を検討する。

【参考】自転車活用推進計画（2018年6月8日決定）措置

日本を代表し、世界に誇りうるサイクリングルートについて国内外へ PR を図るため、ナショナルサイクルルート（仮称）の創設に向けて、インバウンドにも対応した走行環境や、サイクリングガイドの養成等受入れ先として備えるべき要件、情報発信の在り方等について検討する。

図14・6　ナショナルサイクルルート制度について
(出典：「ナショナルサイクルルート制度」国土交通省 (https://www.mlit.go.jp/report/press/content/001307271.pdf)

表14・1　ナショナルサイクルルートの指定要件

観点	指定要件
1．ルート設定	①サイクルツーリズムの推進に資する魅力的で安全なルートであること
2．走行環境	① 誰もが安全・快適に走行できる環境を備えていること
	② 誰もが迷わず安心して走行できる環境を備えていること
3．受入環境	① 多様な交通手段に対応したゲートウェイが整備されていること
	② いつでも休憩できる環境を備えていること
	③ ルート沿いに自転車を運搬しながら移動可能な環境を備えていること
	④ サイクリストが安心して宿泊可能な環境を備えていること
	⑤ 地域の魅力を満喫でき、地域振興にも寄与する環境を備えていること
	⑥ 自転車のトラブルに対応できる環境を備えていること
	⑦ 緊急時のサポートが得られる環境を備えていること
4．情報発信	① 誰もがどこでも容易に情報が得られる環境を備えていること
5．取組体制	① 官民連携によるサイクリング環境の水準維持等に必要な取組体制が確立されていること

(出典：図14・6に同じ)

会、事務局の設置まで求められている。

事例2 太平洋岸自転車道

千葉県銚子市を起点に、神奈川県、静岡県、愛知県、三重県を通って和歌山市を終点とする延長約 1400 km の自転車道（図 14·7）。元々は、1973（昭和48）年に発表された構想だが、6 割程度の整備が行われた後放置され、現在ではかなり荒れ果てている所もある。その構想に再度光を当て、2020（令和2）年の東京オリンピック・パラリンピックに向け、訪日外国人の利用増を目指して現在走行環境や案内看板の整備が進められている。国土交通省と千葉県、神奈川県、静岡県、愛知県、三重県、和歌山県、静岡市、浜松市により太平洋岸自転車道推進協議会が設立され、2019(平成31)年3月には自転車道のロゴマーク（図 14·8）も決定した。

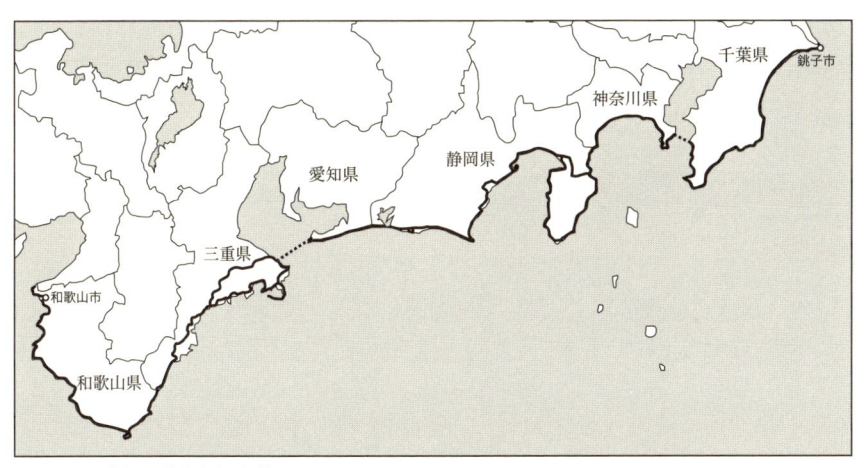

図 14·7 「太平洋岸自転車道」のルート　（出典：記者発表資料「2020 年東京オリンピック・パラリンピックまでに太平洋岸自転車道をつなぐ取り組み〜第 1 回太平洋岸自転車道推進協議会の開催について〜」http://www.ktr.mlit.go.jp/ktr_content/content/000717478.pdf

図 14·8 「太平洋岸自転車道」のロゴマーク
（出典：記者発表資料「太平洋岸自転車道の統一ロゴを決定しました〜自転車道のルートをわかりやすく 案 内 〜」http://www.ktr.mlit.go.jp/ktr_content/content/000742033.pdf

15 道の整備

(1) 国土交通省・警察庁のガイドラインが定める走行空間とサイクルツーリズムにおける道

　近年、自転車の歩道通行が歩行者にとって危険であるということがクローズアップされ、車道上に自転車が走る空間を整備する動きが進んでいる。また、自転車にとって車が走らない歩道のほうが安全であるかのように思われがちだが、実際は車道より歩道を通る自転車のほうが事故率が高いことがわかっている。自転車事故の7割以上は交差点で起こっているからだ。自転車が歩道を通行すると生け垣や柵などで車道から分離されクルマから見えにくいため，交差点で突然自転車が飛び出す形になり車道走行に比べて事故に遭いやすくなるのである。

　歩行者と自転車を分離し、自転車が安全に走れる走行空間を車道側に整備していくため、2011（平成23）年11月に国土交通省道路局および警察庁交通局から「安全で快適な自転車利用環境創出ガイドライン」[※21] が公表され、2016（平成28）年7月にその一部が改訂された。自転車の走行空間を整備する際にはまずこのガイドラインを基本にしていただきたい。

　さらに2019（平成31）年3月には道路構造令が一部改訂され、自転車通行帯の規定が追加された。

　ただし、「安全で快適な自転車利用環境創出ガイドライン」は、まちなかを中心としたクルマの通行が一定量以上ある自転車の日常利用のための走行空間を念頭に考えられている。サイクルツーリズムにおける道では、安全であることはもちろんだが、むしろゆっくり景色を楽しみながら走ってもらい、走ること自体を楽しんでもらえる空間をつくる必要がある。クルマの道とは別の自転

車専用道路や、クルマがほとんど走らない道をルートとして指定することを第一に考えるのがよい。しかし、ゆっくり走らせるためにタイル張りなどスピードを出せない路面にしたり、車止めによって自転車も一旦停止させるなど、快適さを犠牲にすることはしてはならない。あくまで快適に走行しつつ、ゆっくり走りたくなる、また立ち止まりたくなる環境をつくることが大切だ。そして、クルマがある程度以上走行する道をルートとして指定せざるを得ない場合は上記のガイドラインを参考に整備を行っていくのがよい。

　なお、日本では法律において定める自転車の通行空間の定義が非常に複雑でわかりにくくなっている。たとえば、そこが自転車通行可の歩道であるのか、通行不可なのか、さらには徐行義務のない自転車歩行者専用道路[用語3]なのかといった区別が標識や道自体を見ただけでは判別できない場合が多い。サイクリングロードとは名ばかりで、実際には徐行義務のある自転車歩行者道[用語4]である例もよくある。徐行とはすぐに停まれるスピードであり、それではサイクリングを楽しむことはできない。自転車通行空間に関する制度の再整理を国には要望していきたい。

(2) 安全・快適な道を作るために注意すべき点

　現在の日本の道は、自転車の通行について考慮されていないか、考慮されていてもサイクリストの目線に立っておらず、ピント外れになっているものがよくある。自転車で走るとさまざまな危険や問題点に遭遇することになる。サイクリングコースとして指定するなら必ず自転車で実走調査を行って、以下のような点を洗い出し、改善を図ってほしい。また、サイクリングコース以外の場所でもできるだけ改善をしたいものだ。

① 路側帯や路肩の段差

　道路の車線より外側、路肩や路側帯[用語2]と呼ばれる部分の端にはたいてい道路の水はけを良くするためにコンクリート製の「L型街渠」（写真15・1）と呼ばれる側溝が設けられている。その側溝とアスファルトの部分には段差がある場合がある。路肩や路側帯が狭い所では、自転車はクルマを避けてコンクリー

写真 15·1　L型街渠

トの部分とアスファルトの境目付近を走らざる
を得ないことがよくある。特にタイヤの細い
ロードバイクでは、段差にタイヤを取られて転
倒する危険がある。

　2016（平成28）年6月、琵琶湖一周中のサ
イクリストが側溝とアスファルトの部分の間に
あった5cmの段差にタイヤを取られて転倒し、
右手の甲の骨折や顔面の裂傷などのけがを負う
事故があった。滋賀県は道路整備の不備を認め
130万円の賠償金を支払うことになった。自転
車の走行を考慮して路肩の段差をなくすことが
道路管理者の義務になる時代なのだ。

　さらに側溝の上は雨が降れば水が溜まる。普段でもゴミや砂が溜まっている
ことも多いため、走りにくく、パンクの原因にもなる。

　自転車が転倒した場合に備えて、ヨーロッパなどではクルマが自転車を追い
越す場合は、自転車との間を1.5m以上空けることが義務づけられている。日
本でも愛媛県や静岡県の伊豆半島で、「思いやり1.5m運動」（口絵46 p.27）
として、クルマのドライバーに呼びかける試みが行われている。このような取
り組みをさらに広げ、将来的には義務化を目指したいものだ。

② グレーチング（金属製の溝の蓋）

　上記の段差と共に側溝で危険性が指摘されるのがグレーチングである。特に

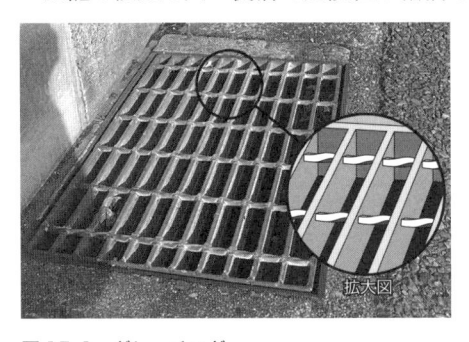

図 15·1　グレーチング

問題になるのが図15·1のもので
あり、ロードバイクでこの上を走
ると金属の格子の間にタイヤを取
られて転倒する危険性がある。

　この格子は、図中の拡大図を見
るとわかるように道路に平行の板
が蓋の深さ方向と同じ幅があるの
に対して、道路に垂直の部分は蓋

の上面だけにしかない。たまに裏返しにはめてあることがあり、その場合、グレーチングの幅いっぱいのスリットが並ぶことになる。ロードバイクのタイヤがすっぽりはまってしまい、最悪前輪を中心に前転し顔から道路に突っ込んで大怪我ということが起こりうる。スリットを道路に対して縦でなく横にするだけでもかなりの改善になる。さらに横滑りを防ぐためにスリットの上面をギザギザにして滑り止めにできればなおよい。

　また、グレーチング自体が溝の中に陥没していたり、周りのコンクリート部分との間に段差があったり、濡れていると滑りやすいなど、スリット以外にもさまざまな問題がある。金属製以外にコンクリート製の蓋もあるが、陥没や周りとの段差があり得るというのは同様である。

　L型街渠やグレーチングの問題を解決し、さらに自転車の走行空間を広げる手段として、ライン導水ブロック（口絵47 p.27）の使用が挙げられる。

　株式会社イトーヨーギョーが2000（平成12）年に開発したものである。ブロックの内部に水を誘導するためのスリットがすべてのブロックに設けられているため、通常のL型街渠に比べて排水性も2.5〜2.6倍になり、費用もかえって安価になる可能性もあるそうである[22]。

③ 渡れない交差点

　交通量の少ない道を走っていると幹線道路との交差点に信号や横断歩道がなく向こう側に渡れないことがある。一旦、交通量が多く快適とは言えない幹線道路沿いに次の交差点まで走り、信号や横断歩道がある所で道を渡って、再び幹線道路の反対側を元の道まで戻ることを強いられる。また、交通量が多い大きな交差点では前の信号が青になっても左折車が連続して来て、いつまで経っても渡れないことがある。本来なら自転車であっても直進車が優先のはずだが、それを守らないドライバーが多いのが残念だ。

④ 感応式信号

　幹線道路と交通量の少ない道が交差する場所によくあるのが感応式信号である。自転車で幹線道路を横断しようと道の左端で待っていても、他のクルマが信号待ちをしていない限り、いつまで経っても信号は変わらない。センサーに

写真 15·2　車止め

検知してもらうには車道の真ん中にある円で描かれた感応位置まで出る必要がある。たいてい歩行者用の押しボタンが併設されているが、歩行者は基本右側通行のため、道の右側にあることが多く、左側を走ってきた自転車は一旦道の右側まで行ってボタンを押し再び左側に戻るという動作を強いられる。さらに自転車にとっては押しにくい場所にボタンが設置されている場合が多い。ヨーロッパのように自転車用の押しボタンを押しやすい位置に設けるのがよい（コラム「10. 自転車用の標識と信号」p.169）。また、青になるまでに必ず長時間待たされる押ボタン式信号もあるので改善が望まれる。

⑤ 車止め

サイクリングロードには、クルマが入ってこないように交差点に車止めが設けられていることがよくある（写真 15·2）。しかし、車止めの間が狭すぎるといちいち自転車を降り、押して通らなければならない場合があり快適な走行を妨げられる。自転車に乗ったまま走行しやすいよう、車止めの間隔を充分空ける必要がある。

＊

他にも、車道の左側に併設されていた自転車道が突然道を横断して右側の設置に変わることがある、自転車道がいきなり直角に曲がるなど、自転車道と言いつつ歩道と同じような感覚で作られ、自転車にとっての走りやすさを考慮していない場合がよくある。道路の設計者にも、日常で自転車を利用して、道のあり方を考えてもらいたいものだ。

(3) 自転車の走行位置を示す矢羽根印

「安全で快適な自転車利用環境創出ガイドライン」では、車道上での自転車の走行位置および方向を示す標示として、図 15·2 のような矢羽根印が推奨さ

れている。また、この印はここが自転車が走る場所であることをクルマに対して注意喚起する意味もある。道路上に自転車の走行位置が明示されているだけで、クルマが自転車に配慮して走行するようになり、それだけで安全性が高まる。

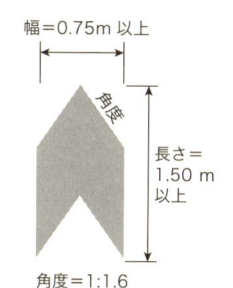

図15·2　矢羽根印の標準仕様　（出典：「安全で快適な自転車利用環境創出ガイドライン」国土交通省・警察庁）

　サイクリングコースにこの印が描かれている場合は、サイクリストに対しての道案内の機能も兼ねている。一般にサイクリングコースの案内のためには案内標識が整備されることが多い。しかし、実際に自転車で走ってみるとわかることだが、意外に標識は見落としやすい。琵琶湖岸でサイクリストを対象にしたアンケートの結果でも、「路面への標示は標識に比べてわかりやすいか？」という質問に対して、83％のサイクリストが「はい」と答えている。自転車で走っていると、「石は落ちていないか？段差等はないか？」と常に前の路面は見ている。そのため、路面標示は見落とされることがまずないのである。

　なお、交差点では交差する道の片方が国道で、もう片方が都道府県道であるなど管理者が異なり、管理者間の考え方の違いで、前後の道に矢羽根印が標示されていても交差点内ではなくなってしまう例がある。道案内のために矢羽根印を標示するなら、交差点内にこそ矢羽根印が必要である。また、複雑な交差点の場合は、交差点内でどのように走ればよいのかわからない場合もある。その意味でも交差点内への標示はしっかり行う必要がある。

　後述する事例のように、矢羽根印ではなく、連続した線や、途切れ途切れの破線が用いられる場合もある。

（4）サイクリストを考慮した道路整備の事例

事例1 愛媛県での道路整備

　「**14** 広域のネットワークをつくる」（1）事例2（p.135）で解説した「愛媛マルゴト自転車道」の中・上級者向けコースでは、以下のように路面標示や標

識の整備が行われている。

コース全線の自転車でのパトロールを年1回4月中に、県内各地域の土木事務所で実施している。

● ブルーライン

車道の外側線に平行して車線側に（口絵48 p.27）のようなブルーラインが引かれている。

通常の白線は雨に濡れると滑りやすいことが多いが、このブルーラインは、アスファルトと同等以上の滑りにくい仕様になっている。

また、1 kmごとに口絵48のaのような距離標示がブルーライン上に描かれている。進行方向が変わる交差点や、迷いやすい交差点、立ち寄りスポットへの分岐等には口絵48のbのような方向標示が描かれている。これらは、サイクリストを案内すると同時に左側通行を促すためのものでもある。

● 安全標識

集落の手前や見通しの悪い交差点などに注意喚起看板（口絵49 p.27）や路面上の減速標示（口絵50 p.27）を設置している。場所によっては、自転車に対して一列走行を呼びかける路面標示や、急勾配の下り坂に注意を促す標識を設置している。

● トンネルの安全対策

トンネル入口にドライバーへの注意喚起看板を設置すると共に、トンネル内でクルマから自転車が見やすいように、トンネル側面に白い内装版を設置している（口絵51 p.28）。

● 路肩拡幅

縁石の移動や車線部分を狭めることで、路肩に自転車が走る場所を確保する改修を徐々に進めている（口絵52 p.28）。

● 道路側溝に蓋を設置

道路の端にU型側溝があると、自転車は側溝に落ちないようにある程度の距離を空けて走る必要がある。その側溝に蓋を設置することで、側溝ギリギリまで走行空間として使うことができる。

● サイクリングコース案内板

コース上の主要地点には、周囲のスポットへの方向と距離が書かれた案内板

が設置されている（口絵53 p.28）。日本語、英語、中国語（繁体字）、韓国語の4ヵ国語で標示されている。

事例2 琵琶湖一周ルートでの道路整備

琵琶湖一周ルートでの道路整備の基本的な考え方は、まず、上級者と中・初級者を分け、上級者向けには原則車道を、中・初級者向けには交通量の少ない車道や自転車歩行者専用道路[用語3]、公園内の通路を基本にルートを設定している。

琵琶湖岸では、東側の大部分で、湖岸道路に平行して、湖側に河川管理用通路があり、それをサイクリングロードとして使用してきた。そこには自転車歩行者専用道路の部分と、自転車歩行者道[用語4]（自歩道）の部分がある。そのうち自歩道は徐行義務が生じるためサイクリングロードには向いていない等の問題がある。そこで、県はこの問題を解消するため、関係市と協力し、迂回ルートの検討・協議を行った他、県道の構造に関する条例を一部改定し、自転車歩行者専用道路の幅員は4m以上という規定を、条件付きで3m以上とし、自転車歩行者専用道路の指定に向けた取り組みを促進するなど、より安全で快適な自転車通行空間の整備を推進している。また、交通量の多い車道に関しては、植栽帯等のスペースを利用し、道路空間の再配分をすることで自転車の通行空間の確保を行っている。（口絵54 p.29）。

誰もが迷わずサイクリングを楽しめるよう、主要な交差点・分岐点に案内看板・路面標示を設置、また主要施設への案内看板の設置も行う予定である（口絵55 p.29）。橋梁やトンネル部など自転車の通行帯が狭くなる場所については、口絵56、57（p.29）に示す看板と路面標示を設置し、注意喚起を行う。さらに、トイレやサイクルサポートステーションへの案内看板も設置していく。

また、ビワイチルートのほぼ全区間に、口絵58（p.29）のような青い破線と矢羽根印、ビワイチロゴによるルート案内標示を設置する予定だ。車道上の矢羽根印は100m間隔で設置、急カーブではその間隔を短くする。線を破線にした理由は、連続線にすると自転車専用通行帯と混同される可能性があるからだそうだ。また、破線の長さは上級コースでは10 m、中・初級コースでは5 mと自転車の走行形態により長さを変えている。

7. ネットワークを重視したサイクリングルート

ドイツでサイクリングマップに記載されたサイクリングルートを実際に走ってみると、すべて自転車専用道が完備されているわけではなく、専用道の部分もあれば、交通量の少ない道がルートとして指定されている所もある。湖岸の遊歩道が自転車通行可になっている所、歩道を歩行者と共有する所もある。すでに存在する道をできるだけ利用し、それらをうまくつなげて作られていることがわかる。ドイツでの自転車道整備の考え方は、できるだけクルマと自転車の道を分離する。そしてサイクリングルートは既存の専用道、車道、歩道等をできるだけ利用する。途中、多少走りにくい所があっても連続性を確保することを主眼に置き、それぞれの場所で自転車はどこを走ればよいのかを標識により明示するということである。自転車レーンのない交通量の多い車道を走らなければならず、危険な所も存在する。未整備な所があってもサイクリングルートとしての連続性を優先しているということであろう。

それは、サイクリング用の道だけでなく、日常利用されるまちなかのルートでも同様である。ドイツの自転車ルートに掲げられている主要な標識を写真1〜3に示す。

既存の道をできるだけ利用していると言っても、日本に比べれば専用道の割合はずっと高い。どこまでが専用道なのかわかりにくい所も多いが、走ってみただいたいの感覚で、ボーデン湖一周ルートでは、約4割程度が車道とは別の場所に作られた専用道。ただし歩行者とは共用の場合が多い。交通量の非常に少ない道を自転車ルートに指定したものも約4割。残り2割が車道沿いの歩道に線を引き、歩行者と分離したものや車道をそのまま走る所という感じであった。

ルートを作るときの考え方としては、実際に走ってみて感じたことであるが、まず多少遠回りになってもクルマが通らない安全な道を使うこと。また、幹線道路沿いに作られた自転車道よりも、自然に囲まれた道を優先すること。そのためルートが複雑になりわかりにくい所も多い。筆者自身も何度も道を間違えたり、わからなくなることがあった。そこは地図と標識の整備でカバーするという考え方なのだろう。

また、ルートの特徴としては、湖岸沿いなどの遊歩道を歩行者と共有することも多い。ただし、自転車進入不可の遊歩道も多く、それらは標識により明示されている。

日本人の感覚ともっとも違うと思ったのが、未舗装の所が多いことである。自然保護区域内のため未舗装のままにしてある所もあるそうだ。ただし、未舗装であっても堅く締まった道でそれほど走りにくくはない。日本のようにタイヤの細いロードバイクに乗る人は少ないため、未舗装に抵抗がある人が少ないためだろう。全体としてスピードを出して走るのではなく、ゆっくり景色を楽しみながら走ることに主眼が置かれている。ゆっくり走り、ゆっくり滞在してもらうことで、地域の経済に貢献してもらおうということであろう。

「日本以外では自転車は車道を走るのが当たり前」とよく言われるが、日常利用のための自転車道も含めて、ドイツ全体で見ると歩

道走行が指定されている所が多い。自転車の通行位置が指定されている所の半分強がそうではないかと思われる。道のどちらか片側にしか歩道がなく、片側の歩道に両方向の自転車が通行する所も多い。また、道の右側にあった歩道や自転車道が突然道を渡って左側に移る場所も多く、その安全性には疑問を感じる。ただし、日本との違いは線によって区分されている場合は歩行者・自転車共にその区分をきっちり守っていること。日本では歩道上で歩行者・自転車が分離されていても、交差点の手前に来ると一緒になってしまうことが多いが、ドイツでは交差点前もきっちり分離され、むしろ交差点の手前で自転車道は車道側の視認しやすい位置に出るようになっていることが多い（写真4）。「自転車が歩道を走ると車から見えにくいため交差点で突然車道に飛び出すことになり、それが事故の原因になる。車道を走るよりむしろ事故率は高くなる」

と言われており、日本のように交差点で歩行者と一緒にしていては分離している意味がなくなってしまう。

ドイツの自転車道は 1980 年代・90 年代に整備された所が多く、その時期はドイツでも歩道を中心に整備されていた。最近では日本同様に歩道走行が車道走行以上に自転車にとって危険であるということがドイツでも言われるようになり、自転車通行帯を歩道から車道に移す所も出てきている。

ドイツ人は規則を守るというイメージがあるが、自転車の走り方については日本ほどではないにせよ、ややいい加減で、通行禁止の歩道等を走っているのをよく見かける。自転車での通行が認められている歩道が多いことの弊害かもしれない。逆にオランダは、自由を第一にするイメージがあるが、車道、歩道、自転車道がきっちり分離されてるためか、自転車のルールは非常によく守られている。

写真1　自転車専用道　ライン川沿いコブレンツ近郊

写真2　自転車と歩行者を線で分離　ボーデン湖岸メーアスブルク - フリードリヒスハーフェン間

写真3　自転車歩行者共用（ここは未舗装）　ボーデン湖岸コンスタンツ近郊

写真4　交差点で車道側に出る自転車道　ミュンヘン

16 他の交通手段との連携

　自転車は他の交通手段と連携することで行動範囲が大きく広がる。特にスポーツバイクの場合は、車体が軽く交通機関への積載も比較的容易である。サイクルツーリズムを推進するうえで、さまざまな地域からサイクルツーリストを迎えるため、また、長距離を走るのが困難な初心者層に対応するため、他の交通手段との連携を考えることは必須である。

(1) 鉄道

① 一般鉄道

　サイクルツーリストの増加と公共交通の利用促進の一石二鳥を狙うため、もっとも重視すべきなのは公共交通との連携だろう。日本では、列車に自転車を載せるためには、通常「輪行」という手段が用いられる。スポーツバイクは、元々はレース中のパンクなどトラブルの際にすぐに車輪を交換できるように、レバーを緩めるだけで前後輪がすぐに取り外せるようになっている。車輪を外し、専用の輪行袋（写真 16・1）に入れることで JR 全線を始め、各地のほとんどの私鉄に持ち込みが可能である。

　JR 東日本では、輪行できる条件を次のように規定してい

写真 16・1　輪行袋（写真提供：アズマ産業株式会社）

る[23]。他の鉄道会社においてもほぼ同様である。

- 3辺の最大の和が、250 cm 以内
- 重量が 30 kg 以内
- 長さが 2 m を超えないこと
- 解体して専用の袋に収納したものまたは折りたたみ式自転車であって、折りたたんで専用の袋に収納したもの

　（一部でも袋からはみ出してはならない）

　近年のサイクリングブームで輪行客が増加しているため、各社とも条件が厳密に適用されるようになってきているので注意が必要である。

　持ち込みが許可されているとは言えサイズの大きなものなので、他の乗客に充分配慮し、一般の列車なら列車の最前部もしくは最後尾に置く、特急列車や新幹線ではそれぞれの車両の一番後ろの座席の裏に空きスペースがあるのでそこに置く、ラッシュ時は避けるなどの注意を利用者に促す必要がある。

② サイクルトレイン

　自転車を分解したり、袋に入れたりせず、そのまま列車に持ち込めるサイクルトレインが、地方の中小私鉄を中心に全国各地で運行されている。

　たとえば、滋賀県を走る近江鉄道では、八日市線の各駅および彦根駅以外で、ラッシュ時を除き自転車をそのまま無料で持ち込める[24]。5台までなら事前連絡も必要なく、地元の人に普段からよく利用され、列車に自転車を乗せているのが日常的な光景になっている。車両によっては自転車用のスペースも用意されている（口絵59 p.30）。

　しかし、全国各地でサイクルトレインを実施していても、混雑度や停車時間、駅の構造の関係で乗降できる駅が限定されていたり、事前予約が必要など、サイクリストのニーズに合っておらず、結局あまり利用されない例も多い。自転車旅の利点は、観光客が普通行かないような所にも気軽に足を運べ、スケジュールも柔軟に組めることだ。逆にきっちりスケジュールを決めてもそのとおり走れないことが多い。トラブル等で想定外の場所や時間に列車に載せなければならなくなる場合もある。サイクルトレインを利用してもらうためには、そのようなサイクリストのニーズにきめ細かに対応していく必要がある。

また、サイクルトレインが増えていると言っても、JR 線や都市部の私鉄での運行は、まだまだ非常に限定されている。しかし、限定されているからこそ、運行すること自体がニュースになり、PR の手段となる。わざわざサイクルトレインに乗るために来てくれる人を集められるのだ。

　コラムで紹介するドイツを始めヨーロッパ諸国、そしてお隣台湾でも列車に自転車を載せることはすでに当たり前になっている。列車の規格や混雑度、国民意識の違いで同様には導入できないのかもしれないが、クルマから自転車・公共交通への転換を目指すためにも、ぜひ各地でサイクルトレインの導入を進めてほしい。

　鉄道会社は列車を安全に定時運行することが最優先の使命であるため、単独でサイクルトレインに積極的に取り組むことは難しいと考えられる。実現のためには、行政や市民団体等が協議会をつくるなどして、共に丁寧な協議を重ねていく必要があるだろう。

事例 1　B.B.BASE（BOSO BICYCLE BASE）[※25]

　B.B.BASE（口絵 60 p.30）は、房総の各地を、バイシクル（自転車）で、駆けめぐるためのベース（基地）というコンセプトの、自転車を分解せずそのまま載せられる列車である。JR 東日本千葉支社の企画で 2018（平成 30）年 1 月から運行を開始した。両国駅を週末ごとに発着し、週替わりで以下の 4 方向の括弧内の駅まで運行されている。

- ・内房コース（往路：館山、和田浦　復路：館山）
- ・外房コース（上総一ノ宮、勝浦、安房鴨川）
- ・佐原コース（佐原）
- ・銚子コース（往路：松尾、干潟、銚子　復路：銚子、佐原）

　駅で乗車券を購入するのではなく、乗車の前日 18 時までに予約が必要な日帰りの旅行商品として販売されている。2019（平成 31）年 1 月からは、上記の駅に加えて本千葉駅もしくは東千葉駅でも自転車を分解せず乗り降りが可能になった。同年 5、6 月には群馬でのサイクルイベントの開催に合わせて群馬県の高崎駅、および前橋駅までも運行された。

　車両は、南武線で通勤用等に使われていた車両を改造し、ボックス型のゆっ

たりした座席を設置。それぞれの座席の背面に専用のサイクルラックを備え、自転車を分解せずそのまま収容できるようになっている（口絵61 p.30）。このラックは、この列車のために開発された専用のものであり、自転車を素早く、傷を付けることなく、走行中もしっかり固定でき、かつ大きな力を必要とせず着脱できるように作られている。さらに床はビンディングシューズ^{用語1}でも滑らないよう凹凸を付けたゴムを使用。スマートフォンや自転車用ライトの充電ができるコンセントが各座席に備え付けてある。6両編成のうちの1両、4号車は空きスペースを大きく取り、大画面のモニターが四つ備えられたイベントスペースとなっている。

混雑する首都圏の駅を発着にできた理由は、両国駅に普段は使われていない3番ホームがあったためだ。元々両国駅が房総方面へのターミナル駅だった時代のホームだが、定期列車がすべて東京駅や秋葉原方面に直通するようになった現在、両国駅で終端になるホームは通常は使用されておらず、改札からホームに出る通路も閉鎖されている。B.B.BASEの乗り降りのため通常の入口とは別に3番ホームに直通する臨時の入口を設置し、ホームまで自転車を押していけるようスロープも用意、他の乗客とサイクリストとの動線を分けている。

この列車運行の実績により、JR東日本千葉支社は、国土交通省自転車活用推進本部より2019（令和元）年度「自転車活用推進功績者表彰」を受賞した。

事例2 JR四国のサイクルトレインの取り組み

JR四国では、愛媛県と連携し、以下の三つの形態で、自転車がそのまま載せられる列車の運行を行っている。

● 特急列車への自転車積載^{※26}

愛媛県の松山駅–宇和島駅間の特急「宇和海」に2016（平成28）年からサイクルルームが設置されており（口絵62、63 p.30）、年末年始、および平日通勤時間帯の一部列車を除き、利用可能である。スポーツバイクを2台まで、前輪を上にして立てた状態で固定できるラックが用意されている。積み降ろしができる駅は停車時間の関係で松山駅、宇和島駅に限定されている。自転車の利用料金は無料で、愛媛県内の駅の「みどりの窓口」で申し込み用紙に記入し、「サイクル宇和海利用券」と引き替えてもらえればよい。

● サイクルトレインしまなみ号[27]

　2009（平成21）年にしまなみ海道10周年を記念して、松山駅–波止浜駅（今治市内のしまなみ海道最寄り駅）間で運行を開始した。春と秋の土日祝に運行している。2019（平成31、令和元）年現在、4月から5月、および9月から10月に松山駅–今治駅間の「サイクルトレイン松山しまなみ号」（口絵64、65 p.30）を年間で30往復程度、西条駅–波止浜駅間の同「西条しまなみ号」を10往復程度運行している。当初は専用の列車を走らせていたが、現在は普通列車に専用車両を増結している。専用車両といっても普通車両であり、固定具などの特別な設備はない。自転車の荷台に荷物をくくり付けるために使用するようなゴム紐を配付して乗客の責任で手すりなどに固定してもらっている。1両に30台まで積載可能である。定期列車ではなく、旅行商品としての扱いであり、事前に予約が必要である。また、乗り降り可能な駅は松山、三津浜、伊予北条、波止浜、今治、壬生川、伊予西条駅に限定されている。

　JR四国愛媛企画部に伺ったところ、他の乗客と交錯しないよう気をつかっており、たとえば松山駅では駅前にサイクルトレイン用の集合場所を用意して、添乗員の案内で乗り込んでもらうようにし、また車内でも添乗員が1人同乗しているそうである。

　「宇和海」においても、乗り込む際にホーム上に自転車用の待機場所が用意されている。

● 予土線サイクルトレイン[28]

　愛媛県の宇和島と高知県の窪川を結ぶ予土線はサイクリングルートとしても人気の四万十川沿いを走る路線である。JR四国では、2013（平成25）年から専用車両を増結した「サイクルトレインにゃんよ号」を運行開始。翌年から「サイクルトレインしまんと」号に名称変更、2017（平成29）年に一般の乗客との混乗実験を始めた。2018（平成30）年からは年末年始や行事等で混雑が予想される日を除く土日祝に、宇和島–窪川間の列車のうち上り2本、下り3本で、通年で実施している。先着順で1列車につき5台まで乗車可能。自転車の料金は無料で事前予約も必要ない。「実験」としての扱いだが今後も運行を続けていく予定だそうだ。

＊

その他、自転車との連携の取り組みとして、松山駅、今治駅、宇和島駅で輪行袋のレンタルを行っている。2019（平成31）年4月現在、料金は1日につき500円。上記駅内であれば、借りた駅とは別の駅で返却することもできる。

(2) バス

バスでの輪行は、荷物スペースが限定されるため、一般的には認められていない。しかし、福山と今治を結ぶしまなみライナーを始め、輪行袋に入れた自転車の持ち込みを許可している路線も高速バス、路線バス共にいくつかある。

おのみちバスが土日祝、年末年始、お盆期間に今治桟橋・今治駅前−新尾道・尾道駅間を運行している「しまなみサイクルエクスプレス」には自転車の前輪を外した状態で6台まで、加えて輪行袋に入れたものを4台まで積載できる。積載は予約が必要で、自転車代は1台につき550円。自転車の前輪を外し、座席の背もたれに立てかけ、網棚に掛けたS字フックにハンドルを掛けて、自転車全体に保護カバーをかけてゴムベルトで座席に固定する（口絵66 p.31）。

愛媛県のJR四国バス久万高原線や大栃線でも、袋に収納していない自転車の車内持ち込みが許可されている[29]。他に、伊予鉄バス松山〜三崎特急線および伊予鉄南予バス面河線では、バス前面に2台まで自転車が積載できるラックが装備されたバスが運行されている[30]（口絵67 p.31）。

神奈川中央交通でも茅ヶ崎、厚木地区で2009（平成21）年から自転車ラックを装備したバスの運行を行っており、厚木地区の宮ヶ瀬湖のサイクリングを目的とする利用も多い[31]。

(3) 船

フェリーにはクルマやバイクと同様に自転車の持ち込みが可能である。通常、クルマと同様に車両甲板に持ち込み、甲板の隅にロープで固定される。ただし、輪行袋に収納して手荷物扱いにしたほうが料金が安くなることが多い。

フェリー以外では、東京の竹芝桟橋から伊豆諸島に向かう東海汽船のジェット船には、輪行袋に収納した自転車なら載せられる。

兵庫県の明石と淡路島の岩屋を結ぶ淡路ジェノバラインには自転車がそのまま載せられる。新造船の「まりん・あわじ」（口絵 68、69 p.31）にはサイクルラックも設置されている。

(4) 飛行機

　飛行機に自転車を載せることで、サイクリングのフィールドは国外にも広がる。海外から日本に自分の自転車を持ち込み、サイクリングする人も増えている。近年は台湾からのサイクリング客が多い。海外からのサイクリング客は、一般的に滞在期間も長く、お金もかけてくれるので、現在各地で誘致に力を入れている。

　日本においても、海外でも飛行機での輪行は一部の小型機を使った路線を除いてほぼ可能である。LCC（Low Cost Carrier）を除いて、規定の重さ以内なら料金もかからないことが多い。

　ただし、ターミナルで係員に預けて運搬してもらうことになり、破損したり傷が付いた場合の保証はない。特に海外の場合は手荒に扱われることが多いので注意が必要である。そのため、通常の薄手の輪行袋ではなく、クッションの入ったものやハードケースもよく使われる。自転車店で自転車の運搬に使われる段ボール箱を使って梱包することもある。その場合困るのが目的地に着いた後そのバッグや箱をどうするかである。帰りにも使用する必要があるので箱でも捨てるわけにはいかない。愛媛県の松山空港では「サイクルステーション」（口絵 70 p.31）として自転車組立スペースが用意されており、更衣室や空気入れ、工具の貸出が行われている。さらに輪行に使った箱を預かるサービスもある。

　2018（平成 30）年 6 月、日本航空は、自転車輸送用の受託手荷物専用ボックス（SBCON・エスビーコン・口絵 71 p.31）を一般社団法人せとうち観光推進機構および合同会社 S-WORKS と共に開発、発表を行った[32, 33]。SBCON は Smart Bicycle CONtainer の略である。プラスチック製ダンボールで作られ、重さは約 15 kg、サイズは約 52×170×94 cm（幅 × 奥行き × 高さ）で身長 175 cm 程度の人が乗るロードバイクが入るよう想定し、荷物コンテナの形に合わせて作られている。空港で自転車預け入れの際に貸し出すことを想定している。

自転車の前輪のみを外せばそのまま収納でき、ヘルメットやシューズを入れられるスペースもある。この専用ボックスは、国内線ツアー商品への参加者向けの受託手荷物用として、サービスを実施中である。現時点では、羽田空港や関西空港などのチェックインカウンターに自転車をそのまま押して行くことはできず、いったん輪行袋に入れなければならないため煩雑で、広く使われるまでには課題が多い。しかし、航空会社が自転車の輸送に真剣に取り組みようになったことの意義は大きいだろう。

自転車での空港利用で注意すべきことは、関西国際空港などの海上空港では空港連絡橋の自転車での通行が禁止され、自転車でアクセスできない場合があることだ。空港に降り立った外国人がターミナル前で自転車を組立て、いざ走り出そうとしたら空港から出られないということが起こりうる。羽田空港もアクセス不可能ではないが非常に困難である。

(5) クルマへの積載

クルマでは、ワゴン車なら後部の荷物室に自転車がそのまま載せられる。スポーツバイクなら車体も軽いので持ち上げて載せるのもそれほど苦にはならない。ワゴン車以外や荷物室に余裕がない場合は、クルマの屋根の上や背面に取り付けるキャリアを使用することになる（口絵 72、73 p.31）。

琵琶湖では、道の駅や湖岸の公園の駐車場にクルマを長時間停めて琵琶湖一周する人が増加し、駐車場が満杯になって本来の道の駅利用者が停められないという問題が起こっている。サイクルツーリスト向けに推奨する駐車場を決め、そこに誘導する施策が必要である。たとえば、「ビワイチの発着地」として PR を行っている滋賀県の守山市は、湖岸にあるショッピングセンター、ピエリ守山に協力を依頼し、その駐車場をサイクリング客向けに開放してもらっている。また、その近くの市管理の美崎公園の駐車場も無料開放している。

8. オランダ、デンマークの自転車道

　自転車道の整備にかけては、ドイツよりオランダやデンマークのほうが進んでいる。

　写真1はオランダ、アムステルダム市中心部、中央駅から王宮方面に伸びるメインストリート、ダムラック通りである。かつては、片側2車線、両側で4車線の道であったが、現在は端から歩道、自転車道、複線のトラム（路面電車）、一方通行一車線のみの車道、反対向きの自転車道、歩道と分けられている。まさに、歩行者、自転車、公共交通、クルマが道を平等に分け合っている。自転車道は車道と歩道どちらとも厳密に区切られている。

　また、市の中心部では、クルマの流入を制限するためにクルマは一方通行にしている所がある。ただし、身体に障害があったり、荷物が多かったりでクルマでないと無理な場合もあるためクルマの流入を禁止することは行っていない。

　郊外に出てもたいてい写真2のように分離された自転車道が続く。

　デンマーク、コペンハーゲンでは広い通りには写真3のようなクルマの一車線くらいある幅の自転車道がほぼ完備されている。デンマークでは写真4のような子どもや荷物を載せる自転車が一般的に使われており、それらが追い越しできるだけの幅が確保されているとのことである。

　自転車道は車道、歩道とも段差で区別されており、広い通りでは必ず道の両側にあり、幅も広いため非常に走りやすい。実際に自転車で走った感覚として、デンマークの自転車道がもっとも走りやすい。

写真1　オランダ　アムステルダムのメインストリート、ダムラック通り

写真2　アムステルダム郊外の自転車道

写真3　デンマーク　コペンハーゲンの自転車レーン

写真4　デンマークでよく見かける子どもや荷物を運べる自転車

9. 公共交通に自転車が載せられるのは当たり前

　ドイツでは、日本の新幹線にあたる ICE（Intercity-Express）以外のほとんどの列車に自転車積載用車両が連結されており、自転車をそのまま載せることができる。日本でいう快速列車にあたる RE（Regional Express）によく使われている 2 階建て車両では、1 階部分の椅子が折りたため自転車やベビーカーなどを積載できる車両が 1、2 両連結されている（口絵 9 〜 11 p.19 以下同）。急行列車にあたる IC（Intercity）の自転車用車両には自転車ラックが付いている（口絵 12、本ページ写真）。自転車の料金は基本 4.5 ユーロ（約 600 円）。ただし距離が長くなるとそれより高くなることがある。なお 2017 年 12 月から運行が開始された新型車両 ICE4 には、自転車用車両が連結されており、今後は ICE でも自転車を載せられる車両が増えていくと思われる。

　近年、ドイツでもサイクリングする人がさらに増加し、筆者の訪問時期が夏のシーズン中でもあったため、筆者が列車に自転車を載せるときは、たいてい自転車用車両がいっぱいで、時にはデッキにまで自転車があふれ、その隙間に人が立って自転車を支えている時もあった（口絵 13）。

　駅構内やホームでも、自転車を押している人をよく見る。十年ほど前までは駅の階段の端に自転車の車輪を載せるレールが付いていて自転車を押し上げる必要のある所が多かったのだが、近年自転車も載せられるサイズのエレベーターが整備された駅が増えている。ただし、自転車の前輪を横に向けてなんとか 1 台だけ入るサイズのものが多いため、欲を言えばもう少し大きなサイズのものが望ましい。

　市内を走るトラム（路面電車）にも自転車を載せられる街もある（口絵 14）。

　自転車がほとんどの列車に載せられるのは、オランダ、デンマーク、スイス、オーストリア等でも同様である。それ以外のヨーロッパの国々では載せられる列車が限定されるようである。

　ボーデン湖には、日常用、観光用を兼ねたフェリーや高速線の航路が多くある。便数の多い航路は 1 時間おきに運航され、通勤などにも非常によく使われている。フェリーは当然だが、高速船にも自転車をそのまま積載できる。ただし、特に自転車積載用の設備があるわけではなく、甲板上に自転車を重ねて置くだけである（口絵 15）。乗り降りの際も他の人々と同じ出入り口から自転車を押していく。

急行（IC・Intercity）の自転車用車両の内部

17 ルールとマナーの啓発

(1) まず適切な観光振興計画で「観光公害」を防ぐ

　昨今、インバウンド（インバウンドツーリズム：訪日旅行客）が爆発的に増えていることもあり、全国で空前の観光ブームが起こっている。

　サイクルツーリズムに限らず観光振興を考える場合、地域住民がいかに訪問客を快く迎えてくれるかが大きなポイントとなる。観光客が増えても、そのために地域住民の生活環境が悪くなるようであれば、観光振興は成功しない。そのためには、まずその地域の適正な受入れキャパシティを設定しておく必要がある。

　観光振興に関する目標としては、「3年後に入込客数○○万人を目指す」等、訪問客数をあげる場合が多い。観光客を受け入るための体制、制度が整わないまま、「来てください」方式のPRが先行すると、いわゆる「観光公害（オーバーツーリズム）[用語17]」「観光恐怖症」と言われる状況に陥ることとなる。そういう状態となると「ゴミだけ落として何も地域に利益がない」「高速で自転車がまちなみを走り、恐怖を感じる」など、地域住民に「観光客は来てほしくない！」というムードが生まれ、結果的にツーリズム振興を大きく妨げることとなる。

　現状の受け入れ体制における観光客の適正なキャパシティはどれくらいか。また、どういった「人」、どういったことを求めてくる「人」（どんなニーズを持った人）に来てほしいのか。まずは地域のブランディングをきちんと行ったうえで、観光振興策の目標値を定めることが必要である。人数ではなく、1人当たりの消費量、満足度（リピーター率）なども十分目標値となる。そのうえで、いかにルールを守り、マナーをわきまえてもらうかの対策を考えることが必要だ。

(2) ルールを守らない人？　守れない人？

　一口にルールを守らないと言っても、「なぜ守らないのか」で対処の方法は大きく異なる。

　自転車は、「免許」がなくても乗れる。早ければ就学前の子どもでも運動機能さえあれば乗ることができる。「自転車は車両である。よって、自転車に乗るには交通法規に則って運転しなければならない」と法律に規定されていても、現状ではそれを学ぶシステムはない。

　つまり、ルールを守らない人は、「ルールを知らない」と「ルールは知っているが守らない」とに分けられる。

　サイクルツーリズムを地域で根付かせていくには、そこに住んでいる人に、自転車で訪ねる観光客を受け入れてもらうことが必須条件である。ルールを守らない傍若無人な自転車の観光客は、すべてのサイクリストのイメージを悪くする。

　ルールを知らない人には、知ってもらうための工夫を考え、ルールを守らない人には「ルール違反者には来てほしくない！」というメッセージを出す勇気が必要だ。

(3) 地域にルール遵守の規範を育てる

　大切なことはルールとマナーは違うという視点から取り組むことだ。

　ルールは法治国家において必ず守らなければならない法律に基づく規則。「知らなかった」では済ますことができない。ルールを守らないことは、他人を傷付け、ときには命の危険にさらすこともある。また、自らの命の危険をも招きかねない。

　まずは「交通ルール」を徹底することが必要だ。そのためには、子どものころから機会を設けてルールの周知をしていかなければならない。こういった安全教育は一見、サイクルツーリズムと無関係のようにみえるが、地域住民がルールを知り、ルールを守って自転車を利用することは、サイクルツーリズムの推進に大きく影響する。逆に交通ルールが日常的に守られていない地域では、サ

イクルツーリズムを推進することはできない。そこで暮らす人々が気持ちよく、安全に走るということがサイクルツーリズム振興の根底を支えている。

京都市で行われている就学前児童を対象とした自転車教室、学校における安全教育。滋賀県守山市などで行なわれている地域団体による自転車教室を通した自転車の楽しみ方、自転車で見付ける地域の魅力発見など、サイクルツーリズムに積極的に取り組み、一定の成果をあげている地域ではこういった活動が行われていることに注目したい。

事例1 京都市における自転車安全教育プログラム

年間を通じて多くの観光客が訪問する京都。ほぼフラットで 10 km 四方に観光スポットが集積しているという地理的特性から市民だけでなく、自転車を利用する観光客は多い。

京都市では 2015（平成 27）年に自転車施策の総合計画である「京都・新自転車計画」[34] を策定し、べんがら色（暗い赤みを帯びた茶色）の矢羽根印設置による自転車走行位置の明示をはじめ、駐輪環境整備や、自転車観光の推進など、さまざまな自転車に関する施策について積極的に取り組んでいる。

そのひとつに「京都市自転車安全教育プログラム」[35] がある。これは、自転車の安全教育について、子どもからお年寄りまでライフステージ別に、教えるべき主なポイントや、京都市や京都府警察等が実施している自転車安全教室等を体系別、世代別に整理したものだ。このプログラムは就学前の児童から大学生、そして自転車を始める児童をもつ父兄に至るあらゆる世代に対して、それぞれに求められるプログラムを体系的に組み立てている。

ここで特に注目したいのは、就学前の幼児を対象にしたデンマーク式自転車教室を京都式（日本式）にアレンジした「キックバイク（ペダルのない自転車）を用いた子ども自転車教室」を取り入れていることだ。日本の場合、基本的な交通ルールを学ぶのは小学校で、現状、それまでは公の教育の中で交通ルールを教える仕組みはない。そこで、京都市では、自転車デビューを迎える幼児期に、自転車に乗るための能力の取得を目的にした教室を開催している。この教室は、ただ単に自転車に乗るためのバランス感覚等の能力を養うだけでなく、ぶつからないようにするために、他の人を思いやる気持ちや、自立・規範意識等の養

成などにも役立っている。

　まずは「受け入れる地域住民が交通ルールを学ぶ」という着眼点はぜひ見習いたい。

事例2 滋賀県における取り組み

　「ビワイチ」ブランドでサイクリストが注目する滋賀県では、自転車をテーマにした作品で知られる人気漫画家を起用して啓発ポスターを作成している（口絵78 p.32）。このポスターはインパクトが強く、小中高生にも人気で、「自転車も一時停止」「自転車保険は義務です」*など、堅苦しくてなかなか浸透しにくい交通ルール等の周知に役立っている。従来の「〇〇はダメ。ルールを守ろう！」方式の啓発ポスターと異なり、駅等に貼られたポスターは観光客の目にもとまりやすく、安全に関するルールなどについて抵抗なく、自然とインプットされている。

　また、滋賀県内でも特に自転車活用に熱心な守山市においては、行政と連動した民間レベルでの活動に注目したい。滋賀県自転車競技連盟が、地域で自転車利用を推進しているびわ湖守山・自転車新文化推進協議会（愛称：びーもサイクル協議会、「**19** ステークホルダーと進めるための体制づくり」(3) ② p.177）と協力し、子ども対象の自転車教室を開催している。また、びーもサイクル協議会は「Safety Rider」ステッカーおよびカード（口絵79 p.32）を作成し、中学生を中心に配布、自転車の安全利用に対する取り組みを展開している。

*滋賀県では条例により、すべての自転車利用者は事故に備え「損害賠償責任保険」に加入することが義務づけられている。

（4）マナーに絶対はない

① それぞれの文化によって変わるマナー

　マナーとは「社会生活上で気持ち良く生活するための知恵、気遣い」である。つまり、その場その場での作法や、その地域の文化の中で生きるときの行儀である。ルール違反をすると法的に罰せられるが、マナー違反には罰則規定はない。

マナーにはその人の育ってきた環境が大きく影響する、つまりマナーに絶対正しいというものはない。日本には「郷に入れば郷に従え」という諺がある。その意味は、「その土地（または社会集団）に入ったら、自分の価値観と異なっていても、その土地（集団）の慣習や風俗にあった行動をとるべきである」だ。もちろん、わざわざ人の気に障ることを平気でする人はあまりいないが、その人の行動はその人自身の価値観に沿ってなされる。

特にインバウンドに力を入れたいと考えている地域においては、まず、相手の文化を理解することが対策を考えるうえで重要になってくる。

「ここはこういう場所です。住んでいる方々はこういうことに困っています。どうぞ気持ち良く過ごすために○○はしないようにしてください」など、相互に思いやる、相互に尊重しあうことが重要だ。ここで重要なキーワードは「相互理解」だろう。

すでにオーバーツーリズム気味の京都市をはじめ、沖縄、北海道などではマナー啓発のための取り組みが行われている。そこで作成されている資料ははじめに、その地域の魅力、地域独特の風俗、食文化などを紹介したうえで、この場所ではこういうことに注意している、だから、皆さまもそうしてください、というトーンでマナー啓発のページが続いている。

「マナーを守れ」ではなく、せっかくこの地域を訪れたのだから、こうすればもっと楽しむことができます、というメッセージはサイクルツーリズムの視点からもおおいに有効である。

② 道路をいかにシェアするか

サイクルツーリズムにおいて注意しなければならない大事なポイントのひとつは、自転車とクルマ、自転車と人が同じ「道路」という空間を共有しなければならないということだろう。

同じ空間を使うときは相互に尊重しあい、思いやりあって「シェア」をする、ということを来訪者や地元の人同士が共有することが大切だ。

お互いに困っていること、感じていることを相手側に伝えていくことで少しずつ、クルマに乗っている人は「追い抜くには危険だから少し後ろをゆっくりついていこう」、自転車に乗っている人は「クルマが抜くことができないよう

なので、次の退避路線に入ってスピードを落とそう」と、相互に「待つ」ことと「譲る」ことが当たり前の文化が醸成できれば「住む人」と「来訪者」両者にとって心地よい地域となっていく。

③ 地域それぞれの「マナー」づくりを

観光の楽しみ方が異なるように、その土地その土地での地域住民の方々との交流の方法も多種多様である。

サイクルツーリズムを進めるには、まず、地域の人に自転車の特性を知ってもらい、自転車ならではの楽しさ、自転車だからこそ気づくことのできる地域の魅力などを理解してもらい、受け入れてもらうことが大切だ。

そのためには、地域の人にも自転車に乗ってもらい、その楽しさを体験してもらうことも有効だ。そのうえで、自分たちのエリアで自転車に乗るならば、どういったことを守らなければならないか、どういうことをしたらもっと楽しめるかを考える。まずは自転車に関心のある人や観光事業に携わっている人を集め、地域におけるマナーブックのようなものを作成することも有効な方法だ。

たとえば地域のサイクリングマップに「ここは見どころ」「ここは地域の人とお話ができるのでゆっくり走って」「車が多いから注意」などサイクリストにとって貴重な情報を載せたものを作成・配布すれば、受け取る側からしても、禁止事項や注意事項を列挙したものを渡されるより、すんなり受け入れることができるだろう。

滋賀県では伝え方を考える取り組みが始まっている。後述の「**19** 地域の誇りを育て、魅力を磨くサイクルツーリズム」(2) (p.184) を参照いただきたい。

④ 看板ではない伝え方を工夫しよう

日本は看板王国と揶揄されている。どこに行っても看板だらけ。景色よりも看板が目につくところも多い。

いくら「禁止」の看板を数多く立ててもルールは守られないし、マナーも向上しない。

その行為が迷惑をかけていることに気がついていないだけで、注意喚起されることでルール、マナーを守れる人には、そもそも要所にひとつ注意を呼びか

けた看板、もしくは出発時に渡されたパンフレットに記載するだけで十分だ。ルールやマナーなんか守らない、他人に迷惑をかけても平気な人には看板がいくらたくさんあっても無視するだけで、何の効果もない。

　せっかく、美しい景観や、先人から遺された貴重な歴史文化遺産を観光の核として楽しんでもらおうとしているのに、やたら目ざわりな看板が乱立する風景は、見苦しいだけで効果は期待できない。

　ルール、マナーを伝えるための手段を看板だけに頼ることのないように、伝え方を考えることが必要だ。サイクルツーリズムに先進的に取り組む地域ではそれぞれ独自の工夫が見られる。

事例1 チームキープレフト[※36]

　車道の左側通行（キープレフト）をはじめとした自転車に関わる交通ルール遵守およびマナーアップ向上を目的としたキャンペーン。日本最大のスポーツバイクイベントを運営するサイクルモード事務局（「**10** 広報」(5) ① p.107）が、NPO法人自転車活用推進研究会との協働で2009（平成21）年に発足させた活動プロジェクトである。チームキープレフト保険(団体総合生活補償保険)を付帯する会員ネットワークを拡大することで、交通ルールとマナーの啓発を進めている。パートナー協賛企業や協力サポーターの募集をし、啓発活動の輪を広げている。

　輪の国びわ湖推進協議会もサポーターとなり、「キープレフト」の認知度向上とルール普及の一助となるよう、びわ湖一周サイクリング認定証の発行の際にチームキープレフト会員に対する割引を行っている。

10. 自転車用の標識と信号

　ドイツでは、サイクリングロードに限らず、まちなかでも交差点等に口絵 23（p.22 以下同）のような自転車用の標識をよく見かける。自転車道がクルマの道とは別に整備されている所が多く、また高速道路など自転車が走れない道や、自転車には推奨できない道もあるため、クルマ用の標識とは共用できないためだ。またサイクリングロードを走って行くと、口絵 24 のような進む方向を示した矢印だけの標識も多く掲示されている。路面に標示されている所もある（口絵 22）が、標識が主流である。（筆者の感覚としては、自転車向けの指示は路面に描くほうがよい。「**15** 道の整備」(3) p.147 参照）。標識整備の考え方は、サイクリングマップでだいたいのルートをつかみ、実際に走る時には標識に従うだけでよいようにということである。ただし、実際は標識も完璧ではなく、筆者は、標識がなかったのか、見落としたのかはわからないが、道を間違えたり、分岐点に標識がなくどちらに行くべきか迷うことがよくあった。

　ボーデン湖はドイツ、スイス、オーストリアにまたがるが、国が変わっても標識の色が変わるだけで基本デザインはほぼ同じである（口絵 25、26）。

　なお、国境での検問はなく自由に行き来できる。どこで国境を越えたのかわからないことが多い。

　自転車用信号は、サイクリングロード沿いにもあるが、むしろまちなかに多い（口絵 27）。押しボタン式のものが多く、自転車が交差点手前の停止線で停まったときに押しやすい位置にボタンが用意されている。自転車

用信号が変わるタイミングの代表的なものは次のパターンがあるが、場所によってさまざまでありどのタイミングで青になるのかはわかりにくい。

・クルマの信号が青になる少し前に自転車用信号が青になり、クルマの信号が青の間は青のままのもの。自転車が安全に渡れるように、クルマより先にスタートさせる

・歩行者用信号と同時に青になるもの

・車用信号、歩行者用信号が共に赤になり、自転車用信号が青になるもの。スクランブル交差点ですべての自転車用信号が一斉に青になる場合もある

オランダ　アムステルダムの自転車用信号と押しボタン

18 ステークホルダーと進めるための体制づくり

　サイクルツーリズムを特定の小さな地域や、行政・市民など各セクター内の活動にとどめることなく、地域一帯の取り組みに育てていくには、それを推進する体制をつくることが必要になる。サイクルツーリズムに関係する個人や団体（ステークホルダー）には、たとえば以下のようなものがある。

　まずはその地域の住民、飲食店等の店舗、まちづくり団体、スポーツ団体。自転車関係者として、愛好者やサイクリングクラブ、自転車店、レンタサイクル店。観光関係者として、交通事業者、観光事業者、観光協会、ボランティアガイド。大学などの教育機関。行政や警察など。

　こういったステークホルダーと丁寧に協議を重ね、共に動いて相乗効果をあげるためのセクターを越えた体制や組織づくりを協働で進めていくとよいだろう。

　気を付けたいのは、いきなり組織づくりから入らないことだ。現場での地道な活動や施策の積み重ねがあって、サイクルツーリズムを支える組織をつくる土壌が育つ。先に器を作ってもうまくは動かないので、まずは自らも実績を作り、同じく実績のあるステークホルダー同士をつないでいくうちに、新規に参入を希望する主体も増えていく。

　また、先行して動いているステークホルダーがあるならその動きを尊重し、阻害することなく、すでにあるものを生かし発展させるように手を打っていくことが欠かせない。

　本節では、地域をあげたサイクルツーリズムが日本でもっとも盛んな「しまなみ（愛媛県）」と、後を追う「ビワイチ（滋賀県）」の二つの地域を例に、サイクルツーリズムを支える体制の作り方について見ていく。

（1）しまなみ海道、愛媛県の事例

　この地域では早い時期から民間主体の取り組みがあり、行政を巻き込んでの活動に発展していたが、それとはまったく別途の動きとして愛媛県の取り組みが始まり、相互に補完しながら相乗的に効果を上げている。

① 民間の動き　しまなみスローサイクリング協議会からシクロツーリズムしまなみへ

　この地域の取り組みは 2005（平成 17）年に端を発する。平成の大合併で小さな地域が埋没していくという危機感の中で、地域振興の動きとして始まった。1999（平成 11）年のしまなみ海道開通によるブームがすぎ、レンタサイクル利用者数が低迷していた時期でもある。しまなみ地区が前年に国土交通省の「サイクルツアー推進事業」モデル地区に選定されたことから、愛媛県の委託事業として松山市のまちづくり団体が「自転車モデルコースづくり事業」を1 年目は伯方島、2 年目は大三島、3 年目は大島で展開し、地域資源をつなぐコースづくりを地域の住民が参画する形で実施した。そこでは地域資源を掘り起こしながら、案内標示や誘導標識、休憩所の設置などの計画を立案していった。2007（平成 19）年度にはモニターツアーを実施し、自転車旅行のマーケティングを進めた。

　3 年の事業が終了した 2008（平成 20）年に、関わった地域住民が主となり「しまなみスローサイクリング協議会」を設立した。しまなみ地区の活性化を願う多様な主体が協働する「しまなみ資源活用プロジェクト」事業がスタートし、サイクルツーリズムのさらなるマーケット分析を進めていった。

　リサーチで得たことを実現していく主体として、2009（平成 21）年に協議会を母体に「NPO 法人シクロツーリズムしまなみ」を設立。愛媛県や今治市に提案し、「サイクルトレインしまなみ号」の運行（2009 年より）、「しまなみサイクルオアシス」の整備（2011 年より）、「しまなみ島走レスキュー」の整備（2012 年より）などを協働で実現していく。また自主事業として、2011（平成 23）年に『しまなみ島走 MAP』、2013（平成 25）年に『しまなみ島走BOOK』の初版を刊行し、それぞれ改訂しながら版を重ねる他、ガイドツアーの実施、イベント運営なども多数行い、2014（平成 26）年にサイクリストの

拠点としてゲストハウス「シクロの家」、2018（平成 30）年にゲストハウス「なみトみなと」の運営を始めている[37]。

② 愛媛県の行政主体の動き　自転車新文化推進課がつなぐ

　一方、県行政としての愛媛県の自転車の取り組みは 2011（平成 23）年度から始まった。きっかけとなったのは、中村時広知事がしまなみ海道を世界に向けて売り出したいという方針を打ち出す中で、台湾の劉金標氏（当時ジャイアント社会長）から「自転車新文化」（「**20** 住みよい地域づくりのために」(3) p.195）の考え方を聞いたことである。県庁内に「自転車新文化推進室」が設置（2018年度から課に格上げ）され、庁内の横連携で自転車をテーマに施策をつなぎ、観光物産課、道路建設課、道路維持課、自然保護課、国際交流課、情報政策課、地域スポーツ課、環境政策課、消防防災安全課、保健体育課、高校教育課、プロモーション戦略室、また各地方局などがそれぞれに取り組みを行う。施策のベースには「振興と安全」を両輪として進めていくこととし、自転車利用の安全が確保されると同時に、利用促進が地域の活性化につながるよう意識されている。

　2009（平成 21）年に、しまなみ海道 10 周年記念事業の一環として「サイクルトレインしまなみ号」（予讃線）の運行が始まった。2011（平成 23）年にしまなみ海道の愛媛県側でブルーラインの整備が始まった。2012（平成 24）年に「愛媛マルゴト自転車道構想」が策定され、県内のサイクリングコースにもブルーラインの整備が進められた。また、公共交通機関との連携で「サイクルトレインにゃんよ号」（予土線）が運行された。2013（平成 25）年に「愛媛県自転車の安全な利用の促進に関する条例」が施行。2015（平成 27）年に高校生の自転車乗車時ヘルメット着用を義務化し、県立高校（59 校）にヘルメットを無料配布した。2015（平成 27）年には「思いやり 1.5 m 運動」とサイクリングガイド養成講習会を開始している。

　これらの活動を支える仕組みとして、さまざまな組織が作られている。

● 愛媛県自転車新文化推進協会

　2016（平成 28）年 3 月に設立した。愛媛県と県内全 20 市町、企業、団体によるネットワーク体だ。「愛媛サイクリングの日」等による普及活動、誘客

促進（サイクリングプロモーション）、国際サイクリング大会等への支援、自転車の安全利用の促進に関する事業の実施などを行い、官民連携のプラットホームの役割を果たしている。

● **愛媛県サイクリングガイド養成推進協議会**

2015（平成27）年、愛媛県、今治市、上島町、松野町の参加で設立。サイクリングツアーの計画およびツアー引率を行うことができるガイドを養成している。

● **サイクリングパラダイスえひめ推進会議**

2014（平成26）年設立、愛媛県商工会議所連合会が事務局を務める、企業主体の応援組織で、400社以上が参加している。県が進める自転車新文化の普及・定着に向け、イベント等への参画、休憩所やレスキュー体制への協力、情報発信や交流の促進などを行う。

その他、「しまなみサイクルトレイン利用促進協議会」（2014年設立：愛媛県、今治市、松山市、西条市、一般社団法人愛媛県観光物産協会、公益社団法人今治地方観光協会で構成）、サイクリングアイランド四国推進協議会（2017年設立：徳島県、香川県、愛媛県、高知県、四国ツーリズム創造機構と、オブザーバーとして四国地方整備局、四国運輸局で構成　**14 広域のネットワークをつくる**」事例2 p.136）などの組織が、しまなみ海道および四国のサイクルツーリズムを支えている。

③ 日本版 DMO ^{用語6} 一般社団法人しまなみジャパン

「一般社団法人しまなみジャパン」は、2017（平成29）年に「瀬戸内しまなみ海道振興協議会」（広島県尾道市、愛媛県今治市、上島町の行政および商工観光関連22団体で構成）より発展改組した日本版DMOであり、尾道市、今治市、上島町を中心に構成されている。活動エリアは尾道市から今治市までと上島町。しまなみ海道を活かした観光振興に2市1町で取り組んでいる。行政（尾道市と今治市）と民間（JTBと中国四国博報堂）からの出向があり、従業員は常勤9名。協議会から一般社団法人になったことで、意思決定をさらに早め、フットワークを軽くしながらさらに前へ進めたいと言う。目標のしまなみ観光振興事業の統括についても、設立からまだ2年で課題もあるが、組織力を高めながら取り組みたいとのことだ。

主な取り組み事業は、サイクルツーリズムのプロモーション事業（観光PR、

海外誘客促進事業、マーケティング事業、しまなみジャパン観光ビジネスセッション開催）と、しまなみレンタサイクルの運営である。

　活動費には尾道市と今治市の負担金、会員からの負担金、レンタサイクルと物販の売り上げを充てている。現状は両市からの負担金に頼っているが、将来的には DMO の独自事業で収益源を確保していくことを見込んでいる。

（2）ビワイチ（琵琶湖一周サイクリング）、滋賀県の事例

　滋賀県でもサイクルツーリズムに関しては、民間主体の取り組みが先に立ち上がり、滋賀県の交通政策に協力する形で活動の幅を拡げて、後に始まった県の観光振興の取り組みと連携し、官民協働でのサイクルツーリズムの推進が行われている。

① 輪の国びわ湖推進協議会

　滋賀県における民間のサイクルツーリズムの草分けは、「滋賀県バイコロジーをすすめる会」が 1985（昭和 60）年から 2017（平成 29）年まで 30 回開催した「琵琶湖一周サイクリング大会」だった。この大会は毎年ゴールデンウィークに 2 泊 3 日で、初心者がシティサイクルでも走れるように充実したホスピタリティのもとで企画されていた。他にも、暮らしで自転車を楽しむ会として、「ひこね自転車生活をすすめる会」「おおつ環境フォーラム　自転車にやさしいまちづくりグループ」などが活動する中、2007（平成 19）年から自転車や交通に関心のある団体が話し合う場が断続的に持たれるようになった。そういった流れを受けて 2009（平成 21）年に設立したのが、本書を制作している輪の国びわ湖推進協議会である。本協議会は、市民の有志を中心に NPO や事業者、行政団体などが集まって設立した民間の任意団体である。琵琶湖一周サイクリングをきっかけに、気軽に自転車に親しむ人を増やし、健康的で環境に調和した社会をつくるために活動している。立ち上げは自転車事業を手がける「NPO 法人 五環生活」が中心となり、当初 3 年間の事務局を担当した。

　初年度より「びわ湖 1 周」ウェブサイトの運営、メールマガジン発行、「びわ湖一周サイクリング認定証」の発行、協賛ショップ制度の運営、スポーツバ

イクのレンタサイクル事業の企画監督などを実施。2011（平成23）年にはビワイチ公式ガイドブック『ぐるっとびわ湖自転車の旅』、2016（平成28）年に『ちずたび びわ湖一周自転車BOOK』を出版している。

なお、受託事業の比率が増えたためにその受け皿となる組織として「一般社団法人輪の国びわ湖」を2016（平成28）年に新たに設立し、協議会のメンバーが中心となって活動の幅を広げている。

表18・1　輪の国びわ湖推進協議会構成団体

一般社団法人輪の国びわ湖
株式会社ミズホネット
くうのるくらすの創造舎
滋賀県琵琶湖環境部環境政策課
自転車ライフプロジェクト
市民団体　マイクリング・プロジェクト
水色舎
特定非営利活動法人HCCグループ
特定非営利活動法人五環生活
トレンシス
日本風景街道「琵琶湖さざなみ街道・中山道」パートナーシップ
ニューフィールドワークス
認定特定非営利活動法人環境市民
琵琶湖汽船株式会社
琵琶湖博物館 環境学習センター
守山市自転車競技連盟
有限会社ライフ
歴史街道推進協議会
和ウトドア

（五十音順 2019年現在）

② 滋賀プラス・サイクル推進協議会

2012（平成24）年3月に、「滋賀交通ビジョン」に基づき滋賀県自転車利用促進協議会（事務局：滋賀県交通政策課〔当時〕、五環生活、輪の国びわ湖推進協議会）にて、「自転車がかえる湖国の暮らし　+cycle（プラス・サイクル）推進プラン（滋賀プラス・サイクル推進プラン）」が策定された。これを受けて2012（平成24）年に官民連携の推進母体として「滋賀プラス・サイクル推進協議会」が立ち上がり、自転車を日常の活動および観光の選択肢のひとつに加える「+cycle」の考え方を広める取り組みを始めた。後にサイクルツーリズムの取り組みを強化するため、ツーリズムワーキンググループが設置された。

さらに2015（平成27）年、三日月大造知事の就任によりトップダウンで県を上げてのサイクルツーリズム推進の動きが始まる。ワーキングで検討が進められていたサイクルサポートステーションは300件を越え、継続したサイク

ルツアーガイド養成講座が開催されるようになった。協議会の構成団体は、県、県内市町、学識経験者、NPO、自転車事業者、交通事業者、観光団体、自転車利用者団体、交通安全団体、環境団体、警察、県教育委員会であり、現在の事務局は滋賀県（交通戦略課、道路課、スポーツ局、観光振興局）と五環生活、輪の国びわ湖推進協議会が担っている。

③ 滋賀県ビワイチ推進室

滋賀県では道路課がサイクリスト向けに道路整備を行いつつ、琵琶湖一周のサイクリングマップを 2001（平成 13）年より制作し配布してきた。自転車政策については前述のように交通政策課（現・交通戦略課）がとりまとめていた。そして 2016（平成 28）年、県の観光交流局（現・観光振興局）の中に「ビワイチ推進室」が設置され、プラス・サイクル推進協議会ツーリズムワーキングの事務局になりサイクルツーリズムの推進を始めた。国内外に向けて積極的な PR を行い、マップを刷新して琵琶湖一周に加え八つの周辺サイクリングコースも掲載した。

＊

滋賀プラス・サイクル推進協議会や滋賀県ビワイチ推進室の自転車政策の実行部隊のひとつとして、先行して活動してきた輪の国びわ湖推進協議会や五環生活が協働において大きな役割を果たしているのが滋賀県での取り組みの特徴である。

（3）ビワイチの発着点に　滋賀県守山市の事例

滋賀県がビワイチで盛り上がっていく中で、自転車市長として有名な宮本和宏氏をトップに据える守山市が独自の動きを始めた。

① 守山市の自転車施策

もともと守山市では、2010（平成 22）年に「守山市自転車道路網計画」を策定、2013（平成 25）年に「自転車利用促進協議会」を設置し「守山市自転車利用促進計画」を策定、2014（平成 26）年には「電動アシスト自転車等購入助成

事業」実施など、自転車関連の施策を進めていた。その後、2014（平成26）年から始まった地方創生の流れの中で、近年脚光を集めるようになっていたビワイチに注目し、地方創生総合戦略の中に「自転車を軸とした観光振興」を位置付けることにより、その交付金を用い、滋賀県や世界的自転車メーカー「ジャイアント」等と連携して、自転車観光振興政策を推進していった。「ジャイアントストアびわ湖守山」開店、自転車搭載可の「ビワイチ漁船タクシー」運行、「琵琶湖サイクリストの聖地碑」設置、ビワイチサポートカー導入等の施策で、ビワイチの振興を図ると同時に、守山市がビワイチの発着点になるように誘導するための施設等整備とプロモーション活動を積極的に展開している。守山市の自転車政策は、以前は道路河川課、商工観光課等が施策の内容に応じて担当していたが、現在は地域振興・交通政策課が担当するようになっている。

② びわ湖守山・自転車新文化推進協議会の設立

これらの自転車観光振興の施策だけでなく、2016（平成28）年に守山市は、以前からあった市民向けの自転車購入助成制度を再開し、その補助対象に、全国で初めてスポーツバイクを含めることとした。

また、民間への働きかけをすることにより、自転車まちづくりを進めるための民間組織を立ち上げる機運を醸成した。これは、一時的なブームに終わらない持続的な自転車観光振興を展開するためには、守山市民の間での自転車、特にスポーツバイクに対する理解と、市民自らが自転車を積極的に利用しようとする動きが必要であるという認識が、行政と民間、特に市民セクターの一部に存在したからである。

発起人会での協議を経て、新組織の概要が決まり、2016（平成28）年6月1日に「びわ湖守山・自転車新文化推進協議会」（びーもサイクル協議会）が設立された。協議会の名称は、先行して取り組みを進めている愛媛県を意識したものとなっている。協議会の設立の趣旨は、守山市が、琵琶湖大橋のたもとにあるという地の利を生かして、「ビワイチ」を楽しむ自転車愛好者の拠点となることにより、自転車観光の振興を目指すということと、高低差の少ない守山市の地形を活かして、自転車利用を核としたまちづくりを行い、健康で環境にやさしいまちの創造を目指すことにある。その活動は、市外からの観光客をター

ゲットとするものよりも、守山市民の中に、自転車まちづくりのムーブメント
を起こそうとすることに軸足が置かれている。特筆すべき点は、協議会の事務
局は守山市地域振興・交通政策課内に置くものの、協議会の役員は、自転車を
愛好する市民が務めていることにある。実際に自転車の有用性と楽しさとを日
常的に感じているスタッフメンバーが、その思いを市民に広げていくことを目
指している。協議会の構成員は、協賛会員としての企業、NPO 等の民間団体、
個人会員からなっており、行政・企業・市民が協働することにより、市民の自
転車利用の促進と自転車まちづくり事業を展開している。

(4) 地域一帯のサイクルツーリズムを進めるために

　しまなみ、ビワイチの両地域では、最初に民間の取り組みがあって行政と協
働しながら事業を広げ、さらに行政が独自の取り組みを始めることで大きな
ムーブメントをつくることに成功し、持続可能な推進体制ができた。
　行政がサイクルツーリズムの動きを始める場合には、始めに地域に自転車に
関するどんな活動があるか、どんな人がどんな想いで活動をしているかをリ
サーチすることが欠かせない。すでに活動があるようならその動きを尊重し、
つぶさないように補完して大きな動きをつくることをイメージしながら、関係
者と連絡を密にしつつ事業をデザインしていくとよい。民間が事業として行っ
ていることと類似のものを安価で提供する（いわゆる民業圧迫）など、結果的
に事業の継続性が担保されない状況にならないようには特に気を付けたい。
　これまで述べたように、行政がサイクルツーリズムを推進するうえでは、市
民団体と協力し合い、それぞれの得意分野を活かしながら進めることが必要で
ある。地域のニーズにきめ細かに答え、地域を盛り上げて行くことはそこに根
ざした市民自身でなければできない。しかし、そのような団体が地域にないこ
とも多い。その場合は、行政が市民活動を育てていく必要がある。
　民間に先行の活動がないなら、事業を一から組み立てていかなければならな
い。しかし今の時代、何年も税金を投入し支え続けるような丸抱えの事業はで
きないだろう。その場合は民間の動きが育ち、いずれはそちらが主体となり地
域が自発的に動いていくというイメージを持って、キーパーソンとなる人を見

出し、協力を得て、自らは黒子に回って地域をプロデュースすることを心がけたい。途中ではしごを外すということにはならないように、よく話し合いながら進めることが大切である。現在までのところ前述の守山市の取り組みが好例である。

いずれにせよ、事業に関わる主体のそれぞれが得意分野を生かせるようにすることが、協働事業の成功のポイントである。仕組みづくりを得意とする行政は、きめ細やかでフットワークが軽い民間の活動をサポートし、育てる意識を持つ必要がある。推進組織をつくるときは当初から地域で活動している人たちに中心的な役割を担ってもらうことが肝要だ。滋賀県の場合は行政と市民団体が、立ち上げ時から協働で推進組織の事務局を担ってきた。

さらに、地域をあげてサイクルツーリズムを進めるには、地域のステークホルダーそれぞれから応援されるように施策を組まなければならない。愛媛県が施策のベースに「振興と安全」を置いたように、まずは自転車が日常生活や経済活動の邪魔者として見られないよう、適切な道路整備を行うと共に警察と連携して徹底した安全策をとる。そしてサイクルツーリストが来れば地域振興になると実感できる事業により土壌を整える。そのうえでイベント企画やPRなどによってステークホルダーが参入したくなるような仕掛けをしていくことだ。詳細は「**20** 住みよい地域づくりのために」(4)（p.196）以降で紹介する。

行政内部に目を移すと、縦割り組織の中で一部署だけが取り組むのではなく、庁内横断的な連携体制を整えることが必要である。そのためには首長に自転車新文化（「**20** 住みよい地域づくりのために」(3) p.195）の理念に対する理解を求め、長期的な政策を立てることが大事だ。自治体では首長が交代するとそれまでの政策が覆されてしまうことが往々にしてあるが、条例と推進計画を作り、民間と協働する推進組織を立ち上げて自転車政策を仕組み化しておくと、大きな方針変更はある程度避けることができる。

また、継続した取り組みのためには、お金が回る仕組みをつくることが必須条件だ。自転車関係の事業を行う個人や団体が正当な報酬が得られ続けるようにしなければ、地域に必要な人材も活動も育たない。税金で支えたり民間のボランティアに頼ったりするような事業は脆弱であるので、資金計画は十分に考え、準備したい。

サイクルツーリズムに関連する事業者の紹介

11. ボーデン湖の DMO ^{用語6}
インターナショナル・ボーデンゼー・ツーリスムス（IBT）社

Internationale Bodensee Tourismus GmbH　http://www.bodensee.eu

ボーデン湖はドイツ、スイス、オーストリアの3ヵ国にまたがり、スイスとオーストリアの間にある小国リヒテンシュタインにも近い。ボーデン湖岸や周辺の自治体が運営する観光組織がドイツには四つ、スイスには三つ、オーストリアには二つ、リヒテンシュタインには一つある。これらの観光組織により経営され、地域の観光施策を総合的に進めていくための組織がインターナショナル・ボーデンゼー・ツーリスムス社であり、有限会社の形態を取っている（図）。日本で最近話題となっている DMO にあたる組織である。

おもな事業はボーデン湖の観光マーケティングとそのためのデータ収集、研究。そのデータを元にして観光施策を進めていくこと。国内、国外双方に向けたジャーナリスト向けの情報提供やソーシャルメディアを使った情報発信とボーデン湖のイメージ作りである。

具体的な事業としては、たとえば e-Bike の貸し出し、返却場所、充電ステーションを整備すること。旅行者の荷物をホテルから翌日のホテルへ運ぶこと。これは専門の事業者があるのでそれを支援している。自治体を越えても自転車道のマークを連続性のあるものにするための調整などである。

ツアーを企画したり、実施することはしないが、4ヵ国をまとめたボーデン湖の観光のイメージ作りのためのウェブサイト、メディア向けに自転車ツアー等の情報提供、自転車道マップづくりを行っている。

収支は、各地の観光組織からの出資が年間50万ユーロ、プロジェクト実施による収入およびパートナーからの寄付金が50万ユーロの計100万ユーロであり、収益を上げるための組織ではないため、収支プラスマイナスゼロである。

地元の大学と一緒になって地域マネージメント学科の学生の人材育成もしている。地域マネージメント学科は地域の観光政策、観光事業を学ぶ、経済と深いつながりのある学科である。

社員は9名で、経理1名と研修生1名以外の7名は観光・交通の専門家である。

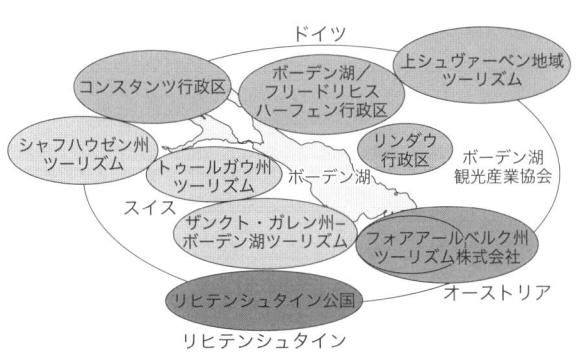

IBT 社の株主である観光組織 （データ提供：IBT 社）

5

サイクルツーリズムが
豊かな地域をつくる

19 地域の誇りを育て、魅力を磨く サイクルツーリズム

　ここまでサイクルツーリズムを進めるための具体的な手法について見て来た。本節では、サイクルツーリズムが活発になると地域がどのように変わっていくのか、サイクルツーリズムが地域に与えるよい影響と、企画者が果たすべき役割について述べる。

（1）サイクルツーリズムが育てるシビックプライドと地域の価値

　シビックプライドとは、「地域住民自身の、市民としてのそのまちに対する誇りや愛情」のことである。

　サイクルツーリズムを進めるためには、地域の良さを発信する企画者自身が、その地域の一番のファンでなければならない。そうでなければ「ここはすばらしい」ということを心より発信できず、受け手の胸に届く言葉を紡ぐことができないからだ。その地域のファンであるということは、とりもなおさず、その地域で暮らす人々のファンであるということであり、地域と親密な関係を築いているということでもある。

　「2 地域の特性や魅力の分析」（p.38）で述べたように、サイクルツーリズムの企画をする際にはまず、その地域の魅力を掘り起こすために自転車で地域をくまなくめぐって地元の人と触れ合わねばならない。多くの場合、地域の人々は自らの地域が持つ価値について自ずから気づくことはできない。人がうらやむ長所はあまりにも普通に日常にありすぎて気にとまらないのだ。外から入った者はその価値を見出すことができる。大したことはないと言いつつも住民が大切にしているものを見つけ、そこに光を当てることで、その価値の大きさに住民が初めて気づくことができる。それはそのまちの人たちのシビックプライ

ドの醸成に寄与し、自ら地域の価値をもっと高めようという意識を盛り上げることになる。

　また、サイクリングでその地域を訪れる人は、他の交通手段で来る人に比べて、より広い範囲を網の目のように巡回し、地域のすみずみまで見て回ることになる。結果として、その地域の隠された魅力を発見しやすい。そこが都市化されていない土地であればあるほど、住民たちが見慣れて当たり前だと思っている景色や日常風景が魅力的に映り、「本当にいいところですね」「こんなところに住めてうらやましい」といった感嘆を住民たちに伝え、それによって地域の人たちは自らの地域のすばらしさにさらに気づくことになる。サイクルツーリストもまた、地域のシビックプライドを育て、その地域の「らしさ」の価値を住民が守り育てていくことに大きく貢献するのだ。

(2) サイクルツーリズムが目指すもの

滋賀県のビワイチ推進総合ビジョンを例に

　滋賀県は、2018（平成30）年3月「ビワイチ推進総合ビジョン 〜自転車による持続可能な地域活性化を目指して〜」を策定した。これは、琵琶湖一周サイクリング（ビワイチ）や県内のその他の地域をサイクリング（ビワイチ・プラス）する来訪者や県民が、どのようにサイクリングを楽しみ、どのような環境整備がなされ、サービスが受けられるのかといったことの将来目指す姿を、サイクリングを楽しむ人の目線からの物語としてまとめたものである。

　滋賀県と県内の市町、事業者、市民団体、一般の県民の意見を集め集約したものであり、そこには、まず「目指す姿」が次のように示されている。

> 「観光客を含むサイクリスト、自動車運転者、歩行者等が互いに尊重し合い、共存する環境の中、国内外から多くの方々が来訪し、安全で快適に自転車による県内周遊（「ビワイチ」「ビワイチ・プラス」）を楽しんでいると共に、地域の豊かな自然や文化、食、人とのふれあいを通じて県全体が活性化され、県民自身も自転車で県内周遊を楽しんでいる。」

そして、その目指す姿の実現に向けた基本方針が次のように定められている。

基本方針1　国内外に向けたサイクリングブランド「ビワイチ」の確立および
　　　　　　観光・地域経済の振興につながる仕組みづくり

基本方針2　サイクリストから自転車初心者まで、安全かつ気軽にサイクリング
　　　　　　を楽しめる環境づくりや「ビワイチルール」の意識付け

基本方針3　県民自身が自転車で県内を周遊することで「地域の魅力再発見」「環
　　　　　　境保全意識の醸成」「健康の増進」につながる取り組みの推進

　基本方針1、2の「観光・地域経済の振興」のため、「安全かつ気軽にサイクリングを楽しめる環境づくり」を行っていく手法については本書でこれまで述べてきたとおりである。ここで注目したいのは、「基本方針2」の「ビワイチルール」であり、「基本方針3」の「県民自身が自転車で県内を周遊する」ことだ。

① 自転車利用者のマナー向上

　地域の人がサイクリストに対して「ヘルメットを被ってピチピチのジャージを着た変わった人たち」という冷めた印象を持っているようでは、ツーリストが「また来たい」と思う地域にはならない。自転車でじっくり自分たちの地域の良さを味わうために来てくれている人たちだと親しみを持ってもらうためには、サイクルツーリストのマナーが非常に大切になる。そのため、滋賀プラス・サイクル推進協議会では「ビワイチルール」の検討が始まっている。これは滋賀を自転車で走るすべての人に守ってもらいたいことをまとめたものになる予定である。「交通ルールを守って走ること」は当然として、生活者への気遣いとしての、たとえば「大勢で連なって走らない」や「集落内を走る際にはスピードを落とす」などのマナー、さらには、「地域の人にはあいさつをしよう」といった交流を生み出す項目が入ってくると思われる。そしてそれを、カードにしてレンタサイクルを利用する人に渡して遵守を宣言してもらう、びわ湖一周サイクリング認定システムに登録するときに表示し同意してもらう、自転車安全教室での講習などの形で広めていくことなどが考えられている。

② 住民の自転車利用がつくるサイクルツーリスト歓迎の気運

サイクリングを楽しむ人にとってもっとも印象に残り、「また来たい」と思わせるもの、リピーターになる一番のきっかけになることは、地域の人とのふれあいである。「どこから来たの？」から始まる何気ない会話、「これ持って行き」とお菓子や果物をもらうようなちょっとした親切、地域の人から聞くそこでの暮らしの話などである。また、サイクリングでは、道に迷ったり、思ったより時間がかかり暗くなっても目的地にたどり着けなかったり、パンクして直せなくて途方に暮れたり、そんなことが日常茶飯事だ。サイクリングのベテランであればトラブルも旅のスパイス、楽しめる要素になるが、初心者だとそうはいかない。そもそも走り出すときから「本当に目的地にたどり着けるんだろうか？　パンクしたらどうしよう」と不安でいっぱいだろう。トラブルが起きて自分ではどうしようもない、そんなときに地域の人から受ける「どうしたん？修理してくれるとこまで連れてったげるわ」という親切は非常にうれしく、また来たいという気持ちにさせる。

このように地域住民がサイクルツーリストに対して共感を持って接するためには、自身が普段から自転車を使い、自転車に親しみを持っていることが重要な要素になってくる。日頃乗り慣れているなら、トラブルで困っているツーリストには親身になりやすいし、休憩中のツーリストにも笑顔で接するようになる。

自転車で走っているとクルマから邪魔者扱いを受けることがある。ときには幅寄せされるなどの嫌がらせを受けることもある。そんな目にあったら二度とその地域は走りたくないと思うだろう。クルマで追い越すときに自転車との間を充分空けたりスピードを落としたりして安全に配慮するにも、地域のドライバー自身が日頃から自転車に乗っていたり、家族が自転車を使っていたりして自転車に乗る人への理解があることが必要である。

また、サイクリング時のトラブル対応や、トラブルを未然に防ぐためのレンタサイクルのメンテナンスを行うには、その地域にスポーツバイク整備の知識を持った人たちがいる必要があり、その人たちの日々の生活が成り立つためには地域の人自身が日常生活で自転車を利用していなければならない。

その地域の人たちが自転車で楽しんでいる姿を見ることで、旅行者もここではサイクリングが楽しそうだ、次は自分も自転車で来ようと思うだろう。そして実際に自転車で訪れたとき、地域の人たちのやさしさに触れ、また自転車で来たいと感じるようになるはずだ。

　サイクルツーリズムが地域に作り出す好循環について、まとめると以下のようになる。

```
地域住民がサイクルツーリストに対してフレンドリーである
      ↓                    ↑
サイクルツーリストが地域の魅力を絶賛し、SNS 等で発信する
      ↓                    ↑
多くのサイクルツーリストが訪れるようになる
      ↓                    ↑
地域住民が自らの土地の価値を再確認し、シビックプライドが醸成される
      ↓                    ↑
よりサイクルツーリストにとって旅をしやすい環境が整う
      ↓                    ↑
さらに多くのサイクルツーリストの来訪
      ↓                    ↑
刺激を受けて、地域住民の自転車利用者が増える
      ↓                    ↑
地域全体で自転車に関する理解が深まり、「自転車のまち」が実現する
```

　地域住民の中に、自転車で訪れる人が増えることがこの地域のためになるのだという理解が深まれば、自転車で訪れる人に愉しんでもらうためにはどうすればよいのだろうと地域の人自らが考え、積極的に実践してくれることにもつながり、地域の「おもてなし力」が向上していく。

　そしてこれこそは、日本のサイクルツーリズム最先進地・しまなみ海道で実現しつつあることである。

（3）しまなみ海道が成功した陰にあるもの

　これまで本書で述べてきたように、しまなみ海道エリアでは、サイクルツーリズムについて島の人々と共にじっくり時間をかけて考え、地域の魅力を発掘し、そして島の人たちが自身が、どうすればサイクリストにもっと喜んでもら

えるかを考え、実践してきた活動がある。その島の人々とサイクルツーリスト や行政とのつなぎ役を担ってきたのが、しまなみスローサイクリング協議会、 そして後継のシクロツーリズムしまなみの活動である。

「**18** ステークホルダーと進めるための体制づくり」(1) ① (p.171) で紹介 したように、2005（平成 17）年に始まった「自転車モデルコースづくり事業」 に、地域と団体をつなぐコーディネータとして現シクロツーリズムしまなみ 代表の山本優子氏が参加した。1 年目の伯方島では当初 30 人ほどが集まった が、1 年後に残った人は数えるほど。2 年目は大三島、3 年目は大島で地元に 入って声をかけ、残った人たちが、サイクルオアシスに協力したり、サイクリ スト向けのお弁当「二輪弁」を作ってくれたりと今も会を支え続けてくれてい る。最初は「ここには何もない」と言っていた地元の人たちは、自転車で島を めぐることで自らの地域の持つ魅力に気づき、サイクルツーリストを迎えるた めの体験プログラムづくりに尽力してくれた。事業の 3 年目が終わったときに、 島のお父さんに「もうこれで終わりなん？」と言われたことが、スローサイク リング協議会、そして後のシクロツーリズムしまなみを立ち上げるきっかけに なったと言う。

全国各地のモニター 3000 人にウェブアンケートを行い、しまなみに期待す るサービスのアンケートを取った。そして、マップ作り、案内看板の設置、ト ラブル対応としてサイクルオアシスの設置としまなみ島走レスキューのシステ ムづくりと、アンケートで希望の多かったものから一つひとつ島の人たちと いっしょに具体化していった。

サイクルオアシスやしまなみ島走レスキューは、サイクリストへのサービス の提供も目的のひとつだが、もっとも重要なことは、島の人自身が考え実践し、 サイクリストに喜んでもらえることで、島の人たちがそれを自らの喜びとして いることである。

以下、シクロツーリズムしまなみの宇都宮一成氏の言葉を借りる。「最近は 島でサイクリストを見ない日はない。島のお父さんが『これだけ人が増えたの は自分らのおかげやね』と言ってくれた。自分たちががんばったからこんなに 人が増えたと思ってくれている。また、農家民宿のお母さんがそこに泊まっ たサイクリストから『ほんとにいいところですね。こんなにいい所に住んでい

写真 19・1　しまなみ海道生口島のバス食堂 (2019年5月閉店・写真提供：NPO法人シクロツーリズムしまなみ)

て幸せですね』と毎日毎日何人もの人に言われている。そうするとお母さんは自分もだんだん自転車に乗りたくなってきて、ついに自転車を購入し、いつかしまなみ海道を全部走ることを夢とするようになった。生口島にはかつて日本各地にあったような古いバスを利用した『バス食堂』が一軒だけ残っている。そこのお母さんが『最近は自転車の人が増えて何度も来てくれる人もいるので、もう止めようかと思っていたけど許可を取り直したよ。私がここを開けていたらいろんな所から人が訪ねてきてくれる。私はあの人たちに生かしてもらってるんよ』と言ってくれる。自転車の人が来ることで島の人がもう一歩がんばってみようと思う。自分たちの住む所を誇りにするようなシビックプライドの醸成につながっている。そこまで行ったら本当の『自転車のまちづくり』なんじゃないかと思う」。

　島の「お父さん、お母さん」に会いに何度も訪ねてくる人が増え、さらに移住者にもなってくれる。特に大三島では最近に新しい宿が三軒建ち、農業移住への支援があることもあって移住者が増えているそうである。サイクルツーリズムが地元住民とツーリストをつなぎ、地域振興に発展している好例である。

　地域でサイクルツーリズムを仕掛けるということは、結局のところ「自転車をテーマにその地域をプロデュースする」ことだ。地域住民が主役となる自転車のまちづくりが実現するように、企画者が黒子となって支えることが成功の鍵を握る。

サイクルツーリズムに関連する事業者の紹介

12. 世界最強の自転車団体　ADFC（全ドイツ自転車クラブ）

Allgemeiner Deutscher Fahrrad-Club　https://www.adfc.de

ドイツでの自転車利用環境向上のために大きな力になってきたのが ADFC である。ADFC を一言で表すと自転車の JAF（日本自動車連盟）だと言われる。1979 年にブレーメンで設立され、現在会員は約 18 万 5 千人で本部はベルリン。ドイツ 16 州すべてに支部を置いており、市町村レベルの支部を合わせると総数は 450 にもなる。おそらく自転車関連団体として世界でもっとも力を持っている。

ADFC の活動には大きく二つの柱がある。ひとつは自転車環境を整備するためのロビー活動。行政や議会に政策提案し、その実現のため直接働きかける。そのために自転車や交通問題一般の研究も行っている。もうひとつは、会員へのサービスである。ADFC の予算の 80％は会費によりまかなわれており、会員へのサービスには次のようなものがある。

・保険事業：ADFC の会費には、徒歩、自転車、公共交通で移動したときの賠償義務、権利保護の保険が含まれる
・出版・広報活動：隔月で「RadWelt（自転車世界）」という雑誌を発行している。内容は自転車関係の法律から、ツアーや修理の方法など多岐に渡る
・自転車旅行中のパンク修理など出張修理
・サイクリングツアーの実施：2017 年には 2700 人のツアーガイドが 1 万 1 千回のツアーを実施し、13 万 1 千人が参加した
・自転車道地図、旅行ガイドの作成と販売
・自転車旅行計画のプランニングの支援：各支部で自転車旅行の相談に乗る
・自転車ステーションの運営：駅前などにある駐輪場と自転車修理、部品の販売、レンタサイクルなどが一緒になった自転車ステーションの運営に協力している
・インターネットのオンラインショップ：自転車用品の販売
・ベット＋バイク（Bett+Bike）：自転車旅行者にとって使いやすい基準を満たしたホテル、ペンション、ユースホステル、キャンプ場などを認定し、現在 5800 件以上の宿泊施設が専用アプリやウェブサイトで検索できるようになっている。

※

ボーデン湖のほとり、フリードリヒスハーフェンにはボーデン湖支部があり、自転車ツアー、交通政策への提言、中古自転車の販売会の三つをメインの活動としている。自転車ツアーは年間 80 回開催、市長参加の自転車ツアーも行ったことがある。ボーデン湖の自転車道の整備にも関わっている。たとえばコンスタンツ市と年に 4 回、ADFC の他 FCD（交通クラブ）、BUND（環境保全団体）、警察が集まり円卓会議を行っている。

なお、フリードリヒスハーフェンは、ヨーロッパ最大の自転車展示会「ユーロバイク」が毎年開催される街である。2018 年は 4 日間の開催期間中に 3 万 7 千人が来場した。52 ヵ国から 1400 社が出展する展示会が、人口 6 万人の小さな街で開催されるというのも地方分権が進んだドイツらしい。

サイクルツーリズムに関連する事業者の紹介

13. ボーデン湖のツアーコンシェルジュ　ラートベーク・ライゼン社

Ratweg-Reisen GmbH https://www.radweg-reisen.com

「ラートベーク・ライゼン」というのはドイツ語で「自転車道の旅行」という意味である。

個人客や他の旅行会社からの依頼に応じて自転車旅行の相談に乗り、企画を行うことを主な事業としている。

依頼があると、旅行中のホテルの予約、ホテル間の荷物の輸送を基本に、オプションとしてレンタサイクル、食事、船によるショートカット、博物館見学、サイクリングの合間のハイキングなどを組み合わせた計画を作成、それらの予約を行う。そして、旅行スケジュール、注意点、何かあったときの連絡先、レンタサイクルの使用方法、メンテナンスの方法、観光案内、地図と走行ルート、予約済みのホテルや立ち寄り先の案内と予約証等を100〜200ページ程度にまとめ、Bikeline シリーズと同様なリング綴じの、独自のロードブック（写真2）にして顧客に郵送する。このロードブックは、レンタサイクルに付属したフロントバッグの上の地図入れに開いた状態で入れられるようになっている。言語は、ドイツ語、英語、オランダ語が基本。プラス、イタリア語、フランス語、スペイン語。

顧客からの代金の支払いもラートベーク・ライゼン社がまとめて行う。ただし、ガイド付きのツアーは1%のみで、ロードブックを見ながら自分たちで行く旅行がほとんどを占める。ドイツ全体で見てもガイド付きツアーは自転車旅行全体の5%である。

3日から11日間くらいの旅行を扱ってお

り、5泊から6泊くらいの旅行が主力である。同じような事業を行う会社が4、5社ボーデン湖の周りにはあり、その中で50〜60%のシェアを占めている。ツアーの依頼は、個人からが6割。4割は他の旅行会社からである。

2002年の設立で、最初は自転車で旅行する人の荷物を運ぶことから始まった。現在は年間でボーデン湖の周りのツアーで8500人。ドイツ全体を含めると1万8千人のお客さんを扱っている。

会社の収入は年間約1千万ユーロ。そのうち50%がボーデン湖のツアーによるものである。

従業員は、夏は60〜70人。冬は28人。

レンタサイクルの割合はだいたい半分。遠くから来る場合は借りる率が高くなるし、ドイツ国内の場合は低くなる。子ども向けやタンデム自転車、大人用自転車の後ろにつなげて子どもが乗るタイプ、マウンテンバイクも用意されており（写真3〜5）、お客さんの身長、体重を聞き、個別に調整する。サドルも幅の広いもの、狭いもののおもに2種類から選択できる。家族向け、子ども向け、e-Bike の需要が高い。

通常の自転車が1千台、e-Bike を120台くらい用意しており、これらは需要に合わせた数字である。近年は e-Bike の需要が高まっている。e-Bike を借りるとツアー一回で160ユーロかかる。買うと高いので買うかどうか迷っている人が、ツアーで借りてみ

て、使い心地を見て良かったら買おうという
こともある。

　昔は、受け入れ側のホテルの経営者にとっ
ての自転車旅行者は、お金がない、うまみが
ないお客さんだった。しかし、ここ 25 年で、
よい自転車に乗ってきて食事も高い所で、つ

まりお金を落としてくれるよいお客さんと
いったように大きくイメージが変わってき
た。昔に比べたら宿を探すのも楽になったし、
ホテルの側も自転車用の駐輪スペースを作っ
たりして、より一般的に受け入れられるよう
になってきたとのことである。

写真 1　ラートベーク・ライゼン社の社屋　右
の建物の最上階が事務所　左がレンタサイクルの車庫

写真 2　ラートベーク・ライゼン社のロード
ブック

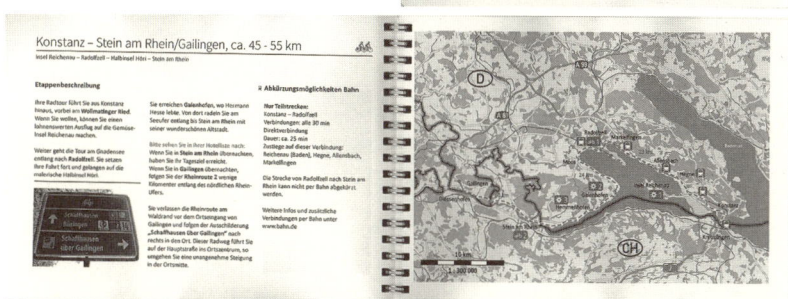

写真 3　レンタサイクル

写真 4　子ども用自転車

写真 5　マウンテンバイク

20 住みよい地域づくりのために

(1) 自転車活用の可能性

　しまなみ海道の起終点、尾道市と今治市には世界最大のスポーツバイクメーカー、ジャイアントが運営する自転車店「ジャイアントストア」がある。しまなみ海道を走る人にレンタサイクルを貸し出す機能もあるが、自転車店なので顧客の中心は自転車を購入する人である。旅の途中で自転車を購入する人はほとんどいないため、購入するのは地元の人である。しまなみ海道を自転車で走る人が増えることで、地元の人にとっても常日頃から自転車を見ることが増え、スポーツバイクを購入する人が増加しているという。

　自転車は、地域振興だけでなく、環境保全、健康増進などさまざまな利点を持っている。大都市では交通渋滞のために自転車がもっとも速い移動手段であることも多く、仕事の効率化、そして経済の活性化にも役立つ。2000年代初頭より、これら自転車の利点が徐々に注目され始め、全国各地で自転車利用促進のための取り組みが行われるようになってきた。

　とはいえ自転車利用は都市部が中心で、利用促進の取り組みが行われるのも都市部がほとんどであった。地方ではもともと自転車利用者が少なく、自治体も自転車に対する関心の低いところが多かった。しかし近年、サイクルツーリズムが地方での地域活性化に有効であると注目され、都市部以外での取り組みが大きく広がってきた。

　群馬県での調査[38] によると、100m 未満の移動でも 26.3 ％の人がクルマを使うという。図 20・1 は、市町村の人口区分別にクルマの距離別トリップ数割合を集計したものである。また、5 km 未満については、目的が出勤や登校、買い物、食事、観光、帰宅などであるトリップは自転車への転換が期待される

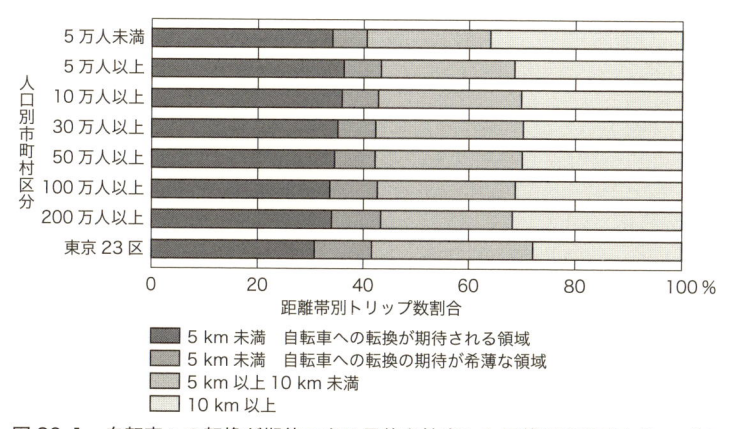

図 20·1　自転車への転換が期待できる目的を抽出した距離別自動車トリップの割合 （出典：自動車から自転車への利用転換可能性に関する基礎分析　橋本雄太、小林寛、山本彰、上坂克巳　土木計画学研究講演集　2011 年 11 月）

凡例：
- 5 km 未満　自転車への転換が期待される領域
- 5 km 未満　自転車への転換の期待が希薄な領域
- 5 km 以上 10 km 未満
- 10 km 以上

領域、送迎や荷物運搬、保養、通院などを目的とするトリップは自転車への転換の期待が希薄な領域として分類している。クルマ利用のうち 30 ％以上が自転車への転換の可能性があり、その割合はむしろ地方ほど高いことがわかる。自転車は 5 km 以内でもっとも速い交通手段（図 20·2）だと言われる。これは都市部でのことで、地方ではもう少し範囲は狭まるかもしれないが、地方でも自転車の日常

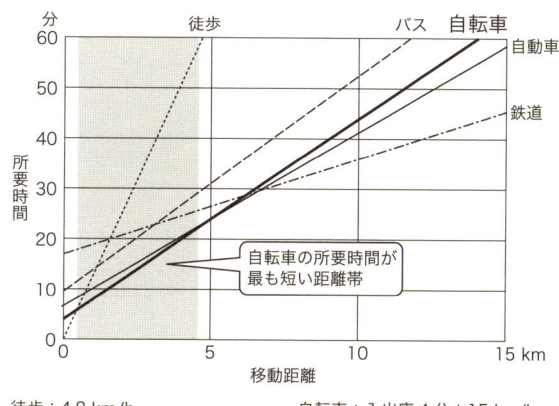

徒歩：4.8 km/h
自動車：入出庫 7 分＋17.5 km/h
バス：10 分＋14 km/h
　　　徒歩 6 分（発着地計）
　　　待ち時間 4 分

自転車：入出庫 4 分＋15 km/h
鉄道：17 分＋32 km/h
　　　徒歩 12 分（発着地計）
　　　駅内移動 3 分（1 駅）
　　　待ち時間 2 分（1 駅）

MATT 関東圏時刻表　2002 年 11 月：八峰出版、
東京都交通局ホームページ（http://www.kotsu.metro.tokyo.jp）、
平成 7 年　大都市交通センサス：財団法人運輸経済研究センター、
平成 11 年　道路交通センサス：建設省道路局、
自転車駐車場整備マニュアル：建設省都市局　監修、
自転車歩行者通行空間としての自歩道等のサービス水準に関する分析、
土木計画学研究・講演集 No.22(2) 1999.10 を基に分析

図 20·2　都市内交通手段の移動時間の特徴 （出典：平成 13 年の道路構造令改正における自転車走行空間の確保の考え方　齋藤博之　交通工学，Vol.38 増刊号，pp.26-32,2003.）

での活用の可能性は大きいのだ。スポーツバイクのようなよい自転車に乗ることで、自転車が使える範囲はさらに広がる。サイクルツーリズムはそのスポーツバイクを広めるための機会にもなる。サイクルツーリズムをきっかけに、地域の人自身にも自転車に親しんでもらうこと、そして、ツーリズムの推進だけでなく、自転車の日常利用の促進を行うことがさらなるツーリズムの振興と共に、環境に配慮した健康的な地域、住みよい地域、そして地域の人にとっての生きがいをつくることにつながるのである。

(2) 自転車を活用したまちづくりを推進する全国市区町村長の会

サイクルツーリズムをきっかけとした自転車まちづくりのための大きな動きのひとつとして、「自転車を活用したまちづくりを推進する全国市区町村長の会」[39, 40] の設立が挙げられる。自転車まちづくりに取り組む全国 294 の自治体が会員となり、2018（平成 30）年 11 月 15 日に設立総会が開かれた。設立発起人となったのは北海道 美唄市の高橋幹夫市長、岩手県 北上市の高橋敏彦市長、新潟県 佐渡市の三浦基裕市長、群馬県 前橋市の山本龍市長、愛知県 安城市の神谷学市長、滋賀県 守山市の宮本和宏市長、広島県 尾道市の平谷祐宏市長、愛媛県 今治市の菅良二市長、鹿児島県 南さつま市の本坊輝雄市長の 9 人である。大阪府堺市や広島市など政令指定都市もいくつか参加しているが、中心になるのはむしろ地方の小さな市町村である。これまで自転車利用促進で名前の挙がってこなかった自治体も含めてこれだけ集まったということの意義は大きい。愛媛県および和歌山県はすべての自治体が参加している。参加自治体は 2019（令和元）年 7 月現在 356 となっている。

2019（平成 31）年 3 月 23 日には、同会の初回の事業として「第 1 回全国シクロサミット IN 和歌山」が和歌山市で開催され 44 首長を含む関係者約 200 人が参加した[41]。翌日には一般向けのサイクルイベント「わかやまサイクリングフェスタ」が開催され、5 人の首長が参加した。

国の自転車活用推進計画では、都道府県および市町村に対して地方版自転車活用推進計画の策定を促し、2020（令和 2）年度までに 200 自治体の策定を目指すことが定められている。市区町村長の会に参加する自治体の多くが策定を

行うであろう。それによって、サイクルツーリズム推進だけでなく、日常利用のための走行環境整備や安全施策等が今後さらに進んでいくことが予想される。

(3) 注目される「自転車新文化」

愛媛県では、「自転車新文化」の推進を掲げ、サイクルツーリズムの推進だけでなく、さまざまな自転車利用促進の取り組みを進めている。「自転車新文化」とは、「自転車は、買い物や通勤、通学といった移動手段だけでなく、健康と生きがいと友情をもたらしてくれる」という理念である（図20・3）。

観光振興に留まらず、交流人口の拡大による地域経済の活性化、そして産業を呼び込むことでの産業振興まで視野に入れている。

その実現のためにこれまで紹介したサイクルツーリズム推進の施策に加え、県民に向けての自転車利用の普及・拡大、そして自転車安全利用の施策を進めている。特に安全利用については、サイクルツーリズム推進の施策を開始した当初、2011（平成23）年から取り組んでいる。その結果、愛媛県の担当者によると、具体的なデータは取れておらず定性的な判断だが、県民のサイクリン

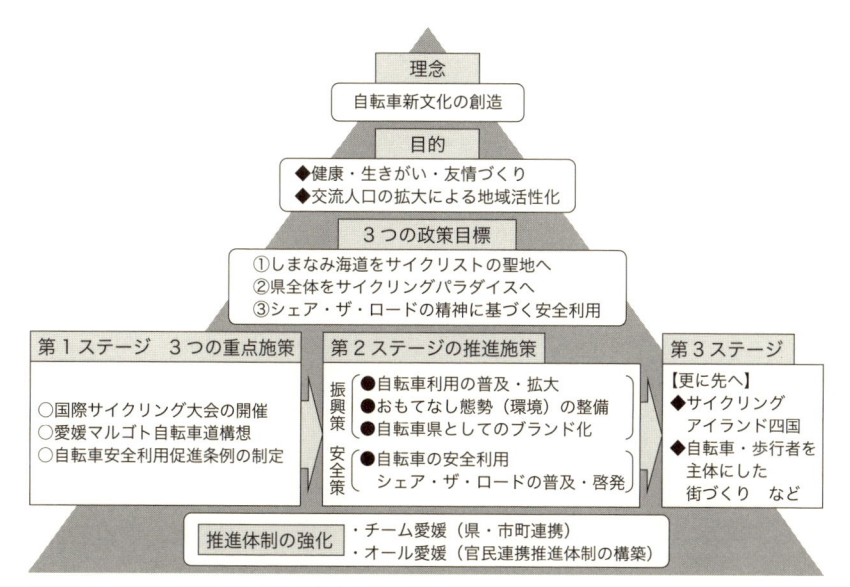

図20・3　愛媛県が進める自転車新文化の全体像　（データ提供：愛媛県自転車新文化推進課）

グ人口も増えている。サイクリングイベントにエントリーするための登録者数は劇的に増えており、また学生がスポーツバイクに乗るようになったと感じられるそうである。来訪者が増えるだけでなく、地域に自転車新文化が根付き、施策の成果が上がりつつある。以下で愛媛県内および滋賀県内での自転車新文化の取り組みについて詳しく見ていく。

(4) 愛媛県内の取り組み

① 全方位展開する愛媛県の事業

　愛媛県では自転車利用の普及拡大のため、2015（平成 27）年に「愛媛サイクリングの日」を創設（11 月第 2 日曜日）し、県内 20 市町で一斉にサイクルイベントを開催、2017（平成 29）年には 7000 人、2018（平成 30）年には 9150 人が参加した。

　女性層へのアピールのため民間企業等の女性サイクリストによるユニット「ノッてる！ガールズ EHIME」を結成し、イベントへの参加と、フリーペーパーやインターネットを通じた情報発信を行っている。

　幼児・児童向けには「みきゃんサイクルスクール」として、補助輪外しや自転車の楽しさを体感する自転車教室を実施している。一般向けには体験型のスポーツバイク安全教室「地域自転車安全利用ワークショップ」が開催されている。

　シニア層に向けては、「アクティブシニアスポーツサイクル体験会」「シニアサイクリスト向けセミナー」、フォーラムの実施の他、SNS「えひめシニアサイクリング〜銀輪日和〜」が開設され、またシニアサイクリストのための活動支援も行っている。

　自転車通勤の推進のため、普及セミナーやワークショップ、体験講座の開催、自転車通勤者（ツーキニスト）のコミュニティである「えひめツーキニストクラブ」の運営、自転車通勤を推奨する事業所を対象とした「自転車ツーキニスト推進事業所」制度や、推進事業所やツーキニストに対しサービスを提供する店舗等を登録する「えひめツーキニスト応援隊」制度を設置している。

　また、自転車に関する情報発信に、ポータルサイト「ノッてる！えひめ」[※42]

を開設し、自転車新文化の周知を行っている。

　以上のように、自転車利用促進をさまざまな層に向けて全方位展開をしているのが特徴である。

　さらに、安全な利用のために、愛媛県自転車安全利用促進条例に基づき、思いやり1.5m運動やヘルメット着用を推進している。2015（平成27）年より自転車通学をする県立高校生にヘルメット着用を義務づけたが、特筆すべきは高校生の代表が集まって複数の候補の中からスポーツタイプのデザインを選定、色は3色から選べるようにして高校生らの自主性を引き出している点である。加えて、事業所向けには「自転車乗車用ヘルメット着用モデル事業所」の認定を始めた。これらにより、ヘルメットの着用率は2016（平成28）年1月に、1年前と比べて6倍の67％に上がっている。マナーアップのための外国人向け講習会や高校生自転車交通マナーアップ会議なども開催している。

② 民間の活動　シクロツーリズムしまなみ

　しまなみ海道・今治市などで自転車利用促進をリードしてきたシクロツーリズムしまなみは、2009（平成21）年の設立より多彩な事業を展開している。1泊2日の「しまなみキャンプライド」、女性向けガイド付きツアーとして「シクロ女子旅」、愛好者が全国より集まる「タンデム自転車まつり」等の主催や、未就学児に自転車の楽しさを伝える「しまなみランニングバイク選手権」の運営などを行っている。また、多くのサイクリストに接する中で地域住民の自転車への関心が高まってきているのを受け、2015（平成27）年から毎年「しまなみアウトドアフィットネス」の取り組みを始めた。自転車をまだ趣味とはしていない、運動不足を感じている人20名を対象に、1日30分以上週3回以上走ることを条件にスポーツバイクを3カ月間貸与し、2週間に1度集まってイベントや講座を行っている。修了時の身体測定では健康状態が改善した数字が現れ、参加メンバー間にコミュニティも生まれて、自転車を購入したり仲間とサイクリングに出かけたりという効果が出ている。2011（平成23）年からは「今治市中心市街地再生協議会」のサイクル部会の事務局を担い、自転車の安全利用促進のキャンペーン活動などを展開している。

（5）滋賀県全域の取り組み

① 滋賀県の取り組み

　滋賀県でも、自転車条例を制定するなど、自転車新文化の創造を目指している。

　滋賀県内におけるもっとも早い行政の取り組みとしては、旧・八日市市（現・東近江市）が 1973（昭和 48）年に全国初の「自転車都市宣言」を表明して行った事業が挙げられる。自転車道路・駐輪場の整備、安全教育・利用促進に取り組んだ。中でも「黄色い自転車」は市民に無料で短期利用の自転車を貸し出すという仕組みで、日本に「レンタサイクル」という言葉がちょうど生まれた時代に行われた試みである。

　滋賀県では 1980（昭和 55）年から「バイコロジー推進基本構想」に基づき、自転車道や駐輪場の整備を行った。加えて 1991（平成 3）年からは自転車道整備 5 カ年計画をもとに、特に中高生の通学路として、特定推進市町村自転車道整備事業とバイコロジー自転車道整備事業を推進した。

　2011（平成 23）年、滋賀県交通ビジョンに基づき自転車利用促進計画を検討する「滋賀県自転車利用促進協議会」が開催され、「自転車がかえる湖国の暮らし +cycle（プラス・サイクル）推進プラン」が報告された。これは単に自転車の利用を促進するというものではなく、生活・仕事・観光のさまざまなシーンで自転車を選択肢のひとつとして加えることに重点を置いたために、名称も「+cycle」となったものである。このプランを推進する母体として、新たに官民連携の協議会である「滋賀プラス・サイクル推進協議会」が同年結成された。

　2016（平成 28）年 2 月、自転車損害賠償保険への加入義務も含めた「滋賀県自転車の安全で適正な利用の促進に関する条例」が制定された。また、琵琶湖一周サイクリング「ビワイチ」の盛り上がりに伴い、「ビワイチ」で観光振興を図ることを目的に、滋賀県観光交流局(現観光振興局)内に「ビワイチ推進室」を設置、さらに 2018（平成 30）年 3 月「ビワイチ総合推進ビジョン」（P183）が策定された。4 月には滋賀県道路交通法施行細則が改定され、タンデム自転車の 2 人乗りが滋賀県内で可能になった。

② 民間の取り組み　ビワイチから日常利用へ

　琵琶湖一周サイクリングをマニアから一般市民に広める取り組みは、滋賀県バイコロジーをすすめる会が 1980 年代にスタートさせ、五環生活によるレンタサイクルとツアー、輪の国びわ湖推進協議会による情報発信とびわ湖一周サイクリング認定証のように、もともと民間が中心となって進めてきた。いずれもビワイチそれ自体の推進が目的ではなく、ビワイチをきっかけとして日常での楽しくかつ正しくて安全な自転車利用を進めようというねらいを持っていた点が共通している。

　滋賀県バイコロジーをすすめる会が 2017（平成 29）年まで続けた琵琶湖一周サイクリング大会（後年は実行委員会主催）の流れを継ぐ「ビワイチ応援サロン」では、「ビワイチ学校」を運営している。全 4 回の実践講座で、1 年かけて 10 km、20 km、50 km（琵琶湖南部の南湖一周）を走り、最後に 150 km のビワイチ（北湖一周）を 1 泊 2 日で走って卒業となる。シティサイクルでも参加でき、一度はビワイチをしてみたいが自信がないという人の背中を押す講座となっている。

　輪の国びわ湖推進協議会では、琵琶湖一周サイクリング（ビワイチ）を通して自転車の魅力に気づく人が増えることで、日常でも自転車を活用する人が増えることを目指して、2009（平成 21）年の設立から今日まで琵琶湖一周サイクリングの推進をしてきた。その効果もあってかビワイチ人気がだんだんと盛り上がり、臨界点を越えて、さまざまな主体が自発的に参入するようになっている。

　そこで輪の国びわ湖推進協議会では、活動の力点をビワイチから日常利用の推進へと徐々に移してきた。サイクリングの客に特典のある協賛ショップ制度の運営は初年度から行ってきたが、設立 3 年目と 5 年目にスポーツバイク入門講座を開催し、女性的な視点で編集するコミュニティペーパー「びわこじてんしゃ。」を発行。滋賀プラス・サイクル推進協議会との協働で、漫画家大塚志郎氏のイラストを採用した安全啓発ポスター（口絵 78 p.32）の企画・掲出を行った。2017（平成 29）年度からは 400 団体以上の事業者会員で構成する「一般社団法人 滋賀グリーン購入ネットワーク（現・一般社団法人滋賀グリーン

活動ネットワーク)」内に発足したエコ通勤研究会（現・エコ交通研究会）の事務局を担い、事業者を対象としたクルマ利用を減らす普及啓発の取り組みの一環として、自転車通勤等の研究を行っている。また、県内で自転車に関する活動を行う各種団体とのネットワークを深め、自転車の活用推進を図っている。

③ 協働の取り組み

また官民連携の協議会である、滋賀プラス・サイクル推進協議会では、プランに基づき県内のさまざまな自転車情報を集めた Web サイトの開設をはじめとして、2015（平成 27）年より小学校入学前と中学校入学前に自転車の選び方・使い方パンフレットの発行、空気ポンプやトイレが借りられるサイクルサポートステーションの基準の検討と展開、ビワイチ共通ロゴの選定、自転車教室の開催、サイクルツアーガイド講習会の開催、サイクリングマップの改訂意見とりまとめ、サイクリングルートの検討など、さまざまな側面からプラン推進に向けた取り組みを続けている。

(6) 滋賀県守山市内の取り組み

滋賀県守山市は県の取り組みと歩調をあわせ、サイクリストが注目するビワイチの発着点としてのアピールを市の施策として推進している。ジャイアントストアの誘致や、インスタ映えなど若い世代を狙った「琵琶湖サイクリストの聖地碑」（口絵 77 p.32）の設置、「アワイチ」として知られる淡路島やサイクルツーリズムの先進地・しまなみ海道との連携イベントなど、サイクルツーリズムを積極的に推進している。守山市の宮本和宏市長は、前述の「自転車を活用したまちづくりを推進する全国市区町村長の会」の呼びかけの中心人物でもある。

この守山市で着目したいのは、行政と連携した民間レベルでの活動だ。「**18** ステークホルダーと進めるための体制づくり」(3) ② (p.177) で「びわ湖守山・自転車新文化推進協議会」の設立について述べたが、当初、急ごしらえでできた組織は、もともと自転車の有用性と楽しさを知っている熱心な市民が主体的に活動するためのよい舞台装置となっている。市民が親しみを持ちやすいよう

に「びーもサイクル協議会」という愛称を決定し、そのミッションを「より多くの人が、より快適に自転車に乗ることで、健康で環境にやさしいまちを創造する」として、活動の軸足を自分たちのまちをさらに住みよいまちにするための「自転車まちづくり」に置いて活動を展開している。「自転車に乗り、楽しみ、その楽しさを拡げる」を合言葉として、毎月サイクルイベントを開催し、市民に自転車に親しんでもらうための、特に初心者がスポーツバイクに乗り始めるための機会を提供している。また、2016（平成28）年から毎年秋に市民の自転車利用促進を目指したイベント「モリイチ・スタンプラリー」を実施している。このイベントは、「多くの人に自転車で守山市内のいろいろな店舗や名所を訪れていただくことで、守山の魅力を感じてもらうこと」「自転車利用者と店舗（カフェ・飲食店・自転車店等）、施設とのつながりを作り、事業者にも自転車に対しての理解を深めてもらうこと」、そしてそれを「市内の観光や経済の活性化につなげ」また「自転車を利用しやすい環境をつくるための機会とする」ことを目的としている。市民が地域の魅力を再発見する機会につなげると共に、自転車に対する理解を促進することにもこのイベントは役立っている。2018（平成30）年11月に行われた第3回の参加者は、守山市民を中心に372名。毎回参加人数が増えている。景品のひとつに携帯型ゲーム機が用意されており、市内の小学校にチラシ配付をしていることもあり、参加者のうち100名以上が小学生である。子どもと共に多くの親も参加する。子ども乗せ自転車に子どもを乗せての参加も普通に見受けられる。いわゆるサイクリストだけでなく、幅広い層の市民に自転車を楽しんでもらえるイベントとなっている。

　また、びーもサイクル協議会は、「**17** ルールとマナーの啓発」（3）事例2（p.165）で述べたような中学生を中心とした自転車の安全利用に対する取り組みも展開している。さらに守山市内では、民間団体である「滋賀県自転車競技連盟」が毎年、「守山野洲川クリテリウム」（「**8** サイクルイベント」（3）事例2 p.87）を開催しており、多くの参加者を集めている。滋賀県自転車競技連盟はびーもサイクル協議会と連携し、3歳児以上を対象とした「自転車スキルアップ教室」と「補助輪そろそろ外しませんか？教室」を開催している。このように観光振興のための自転車利用、スポーツとしての自転車競技、そして市民にとって有用な日常交通手段としての自転車利用促進など、「自転車」を

キーワードとして、行政と各民間組織が相互連携を図りながら、地域の振興と住みよいまちの創造を目指している。

(7) 現代的な社会課題への対応に自転車が生きる

① 環境、交通安全、地域活性化に

　日本では1960年代よりモータリゼーションが進行し、交通事故や渋滞の多発、大気汚染や気候変動、郊外への無秩序な開発である都市のスプロール現象による中心市街地空洞化などの問題が発生し、さらには利用者の減った公共交通が衰退する事態になった。その根底にあるのはクルマ優先の社会のあり方であり、交通弱者軽視の社会政策である。今後は過度のクルマ依存を減らし、人間が住みやすいまちづくりを進めることが、持続可能な地域社会づくりには必須である。クルマの利用を減らすために、スポーツバイクは大きな役割を果たすことができる。二次交通[用語9]としてのレンタサイクルの仕組みを整えていくことも有効だろう。

② 長寿社会の健康増進、コミュニティづくりに

　また、少子高齢の時代において、健康寿命を伸ばすことは深刻な課題である。生活の質の向上を図るうえでも適度な運動は欠かせない。サイクリングは、運動の中でも身体的な負担が少なく続けやすい。スポーツの苦手な人や体重の重い人、足腰に多少の難がある人でも楽しく取り組むことができる。有酸素運動であるためダイエットにも有効で、高血圧を改善させ糖尿病など病気の予防に効く。気分転換やストレス解消、集中力アップによく、精神的な効能も大きい。特別に時間を確保しなくても、移動の時間を活用して無理なく運動することができるという利点がある。実際、シニア世代になってからスポーツバイクデビューをする人も多く、健康づくりの手法としてサイクリングは今後ますます注目されると考えられる。仕事を引退した後に参加するコミュニティを探したり作ったりする手段としても、自転車というツールは有効に機能する。

③ 協働の土壌を耕すために

　さらに言えば、自転車新文化を地域に根付かせ積極的に推進するためには、これまで見て来たように官民が連携した活動が必要である。民間の取り組みだけでは広がりは出ないし、行政の取り組みだけでは新しい発想で時代を切り拓くことは難しいうえに、地域のきめ細かなニーズを拾い上げ隅々に行き届くような施策は打てない。自転車のまちづくりで相互に協力しあうことは、結果として官民が協働できる関係を地域に築くことになる。どこの地方も財政が厳しくなっている現代は、かつてのように行政が地域課題を丸抱えして対応に当たることはできず、ステークホルダーである市民と協力しながら問題の解決に当たっていかなければならない。これは何も自転車政策に限ったことではなく、今後はあらゆる場面で官民協働が求められる時代である。その前提となる市民と行政の信頼関係、一緒に汗をかき、頼れる相手だと互いに感じられる関係をつくるために、サイクルツーリズムでの協働の経験は役に立つだろう。

＊

　ツーリズム、健康づくり、生きがいづくり、仲間づくり、まちづくりにおいて、自転車は信頼関係を育み、新たな事業を生み、地域に雇用を創出していくことができる。しかもそれは、人間らしい生き方につながるものであり、自分の住むまちへの人々の愛着を高め、個々人の満足感とともに地域の持続性を高めていくものである。その価値と魅力、可能性を感じながら、地域の人たちとともに楽しんでサイクルツーリズムに取り組んでいただきたい。

20　住みよい地域づくりのために

サイクルツーリズムの基礎用語

1 ビンディング

シューズの裏に付けたクリートと呼ばれる部品を専用のペダルにはめ込むことで、シューズとペダルを固定し、足の力をペダルに効率的に伝えられるようにする機構。ロードバイクに乗る人の多くが使用している。停まるときには足首をひねることですぐにペダルから外れる。ただし、歩くときはクリートが直接地面に当たり、歩きにくく、滑りやすいものが多いだけでなく、クリートが地面や床面を傷付ける恐れがあるため注意が必要である。また、シューズとクリート、ペダルのメーカーを合わせる必要があり、メーカーが違うと一部を除いて互換性がない。

2 路側帯

歩道のない道路で、車道の端の白線の外側部分。自動車専用道路以外では歩道の替わりに使用される。

3 自転車歩行者専用道路

自転車および歩行者のために設けられた、車道とは独立した道路。一般的には「サイクリングロード」と言われることが多い。日本では「自転車専用道路」はわずかしかなく、「サイクリングロード」と言っても「自転車歩行者専用道路」で歩行者の通行も認められている場合がほとんどである。

4 自転車歩行者道

道路の中で、自転車および歩行者のために設けられた部分。自転車の通行が認められた歩道と見た目は区別できないため、一般的にはそれを含んで「自転車歩行者道」と呼ばれる。略称「自歩道」。

5 ピストバイク

競輪等、競技場で使用される自転車。ピストとは、フランス語で自転車競技場やそのトラックを指す言葉である。ペダルと車輪が直結しており、ペダルを逆回転させるとバックする。また、ブレーキは付いていない。2000年代後半に街中での使用が流行したが、公共の場ではブレーキの装備は必須である。

6 DMO

Destination Management/Marketing Organization の略。主に米国・欧州で見られる組織体で、日本政府は「2020年までに世界水準のDMOを100件」とすることを目標にしている。観光庁による日本版DMOの定義は次のとおり。「地域の『稼ぐ力』を引き出すと共に地域への誇りと愛着を醸成する『観光地経営』の視点に立った観光地域づくりの舵取り役として、多様な関係者と協同しながら、明確なコンセプトに基づいた観光地域づくりを実現するための戦略を策定すると共に、戦略を着実に実施するための調整機能を備えた法人」。

7 輪行（りんこう）

スポーツバイクの前後輪を外し、あるいは折りたたみ自転車をたたんで、専用の輪行袋に入れ、列車などに載せること。詳細は「16 他の交通手段との連携」(1) ① p.152) 参照。

8 ポタリング

　散歩感覚でゆっくり自転車を走らせ、歴史、文化、食など、立ち寄りを楽しむこと。

9 二次交通

　空港や鉄道駅から目的地までの交通。バスやタクシー、レンタサイクルなどが使われる。観光用語としては観光地までの交通を指す。

10 BAAマーク

BAA は、Bicycle Association (Japan)

Approved（自転車協会認証）の略。自転車協会が自転車の車種ごとに「自転車安全基準」に適合しているかの検査を行い、認証された自転車にはマークを貼り付ける事ができる。また、協会がマークの付いた自転車を毎年市場から買い上げ、フレームの強度やブレーキの検査を行っている。マークから製造業者や輸入業者が特定でき、もしもの場合にそれらの業者の責任で保証が受けられる。また、環境負荷の高い、鉛・水銀・カドミウム・六価クロム・PBB（ポリ塩化ビフェニル）・PBDE（ポリ塩化ジフェニルエーテル）を含まないことも義務づけられている。

スポーツバイクを対象にした SBAA マーク、および自転車店に対してスポーツバイクを販売する際に利用者に的確なアドバイスができる技量を持ったプロショップであることを証明する SBAA PLUS マークもある。

11 SG マーク

一般財団法人製品安全協会により安全性が認証された消費生活用製品に貼り付けられるマーク。自転車では、主要部品の性能やフレーム強度、ブレーキ性能、走行性が規定されている。これが付いている自転車には購入日から 5 年間有効な対人賠償責任保険が付いている。

12 JIS マーク

同マークの認証機関として国に登録された機関から認証を受けた事業者が製品に付することができる。製品の寸法や品質・性能・安全性、それらを確認する試験方法や要求される規格値が定められている。電動アシスト自転車の規格も定められている。

13 自転車技士

組立、検査および整備を行う自転車専門の技術者を認定する民間資格。経済産業省の後援により一般財団法人日本車両検査協会が試験

を実施している。

14 自転車安全整備士

自転車の点検・整備のほか交通安全指導を担う民間資格。警察庁の後援により公益財団法人日本交通管理技術協会が試験を実施している。

15 サイクルコンピュータ

自転車のハンドルに取り付け、走行速度や走行距離、平均速度などの情報を表示する機器。スポーツバイクに乗るサイクリストの多くが使用している。車輪やペダルの回転数を磁石を使ったセンターによって読み取り、速度や距離に換算して表示するものが主流だったが、近年は GPS を内蔵し、走行ルートの記録ができたり、地図上に現在位置やルートを表示できるものも普及しつつある。

16 獲得標高

走行したルート上で、登りの区間だけの標高差を積算したもの。コースの難易度を表したり、これだけ登ったのだという満足感を得るためや、トレーニングの際の指標に使われる。100 m 登って、50 m 下り、再度 50 m 登れば獲得標高は 150 m である。登山などで使われる獲得標高は、スタート地点とゴール地点の標高差で、本来の意味としてはこちらが正しい。自転車でよく使われる獲得標高は本来なら累積標高と言うべきだが、習慣的に獲得標高の言葉が使われる。

17 観光公害（オーバーツーリズム）

国連世界観光機関（UNWTO）が定義している。「ホストやゲスト、住民や旅行者が、その土地への訪問者を多すぎるように感じ、地域生活や観光体験の質が、看過できないほど悪化している状態」

参考文献 (本文中に対応番号がないものは、節全体で参照)

序章
※1 「銀輪の巨人」 野嶋剛 東洋経済新報社 2012,6
※2 「自転車活用推進計画」国土交通省 2018,6 https://www.mlit.go.jp/report/press/road01_hh_000987.html
※3 「スポーツツーリズム推進基本方針〜スポーツで旅を楽しむ国・ニッポン 〜」スポーツ・ツーリズム推進連絡会議 https://www.mlit.go.jp/common/000160526.pdf
※4 「スポーツツーリズム概論」学術研究出版／ブックウェイ 2018,10

5 サイクリングコースを作る
※5 日本自転車普及協会 バイコロジーってなに？ http://www.bpaj.or.jp/?tid=100031

8 サイクルイベント
※6 平成25年度 自転車活用に関する調査研究事業報告書−地域活性化に資するサイクリングイベントの調査研究−公益財団法人 日本サイクリング協会 https://www.j-cycling.or.jp/about/pdf/PDF_research_17.pdf
※7 産経新聞 サイクリングしまなみ2018の経済効果は9億3300万円 https://www.sankei.com/region/news/190417/rgn1904170001-n1.html

11 サイクリング支援ステーション
※8 「自転車が展望する持続可能なまちづくり しまなみの地域連携の事例から」NPO法人シクロツーリズムしまなみ 2015,9

12 サイクリングの拠点施設
※9 Cyclist サイクリストのための駅ビル「PLAYatre TSUCHIURA」29日オープン前に潜入 https://cyclist.sanspo.com/390982

13 その他サイクリストが求めるサービス
※10 しまなみ島走レスキュー http://tousou-rescue.com
※11 au損保 自転車向け保険Bycle https://www.au-sonpo.co.jp/pc/bycle/
※12 西濃運輸 カンガルー自転車イベント便・自転車輸送便 http://www.cycle-seino.jp
※13 シクロエクスプレス https://cycloexpress.co.jp
※14 JCA サイクリングヤマト便 https://www.j-cycling.or.jp/member/ctag.html
※15 佐川急便 しまなみ海道手ぶらサイクリング https://www.sagawa-exp.co.jp/stc/
※16 ヤマト運輸 尾道市自転車運輸が「しまなみ海道手ぶら当日便」の実証実験を開始 http://www.kuronekoyamato.co.jp/ytc/pressrelease/2019/news_190307.html
※17 株式会社しまなみ 道の駅 多々羅しまなみ公園 http://www.imabari-shimanami.jp/tatara/
※18 Cycle Sports 「琵琶湖サイクリストの聖地」碑が誕生 https://www.cyclesports.jp/depot/detail/77678

14 広域のネットワークをつくる
※19 愛媛県 愛媛マルゴト自転車道について https://www.pref.ehime.jp/h40900/marugoto.html
※20 国土交通省 ナショナルサイクルルート制度を創設〜日本を代表し、世界に誇りうるサイクリングルートを国内外にPRします〜 https://www.mlit.go.jp/report/press/road01_hh_001227.html

15 道の整備
※21 国土交通省 安全で快適な自転車利用環境創出ガイドライン https://www.mlit.go.jp/road/road/bicycle/pdf/guideline.pdf
※22 「自転車コミュニティビジネス エコに楽しく地域を変える」近藤隆二郎編著 学芸出版社 2013,3

16 他の交通手段との連携
※23 JR東日本 旅客営業規則 第2編 旅客営業 - 第10章 手回り品 https://www.jreast.co.jp/ryokaku/02_hen/10_syo/01_setsu/index.html
※24 近江鉄道 サイクルトレイン http://www.ohmitetudo.co.jp/railway/cycletrain/index.html

※25 JR東日本 千葉支社 B,B,BASE https://www.jreast.co.jp/chiba/bbbase/
※26 JR四国 特急「宇和海」におけるサイクリスト向けのサービスの実施について（継続） https://www.jr-shikoku.co.jp/03_news/press/2019%2002%2021%2002.pdf
※27 愛媛県 「サイクルトレインしまなみ号」の運行について https://www.pref.ehime.jp/h30200/3858/cycle-train-shimanamigo.html
※28 愛媛県 予土線サイクルトレイン（混乗試験）の継続について https://www.pref.ehime.jp/h30200/3858/yodosenkonjoushiken2.html
※29 JR四国バス 久万高原線・大栃線の自転車積込みサービスについて https://www.jr-shikoku.co.jp/bus/news/bus/16-04-07/01.htm
※30 伊予鉄グループ サイクルバスの運行について https://www.iyotetsu.co.jp/information/cycling/bus.html
※31 神奈川中央交通 自転車ラックバス https://www.kanachu.co.jp/service/cycle/cycle_rackbus.html
※32 日本航空 プレスリリース 自転車輸送用 受託手荷物専用ボックスを開発 http://press.jal.co.jp/ja/release/201806/004759.html
※33 Cyclist JALが飛行機輪行用ロードバイク輸送ボックス「エスビーコン」を発表 https://cyclist.sanspo.com/407272

17 ルールとマナーの啓発
※34 京都・新自転車計画 https://www.city.kyoto.lg.jp/kensetu/page/0000179704.html
※35 京都市自転車安全教育プログラム https://www.city.kyoto.lg.jp/digitalbook/page/0000000591.html
※36 TEAM KEEP LEFT https://www.teamkeepleft.net

18 ステークホルダーと進めるための体制づくり
※37 シクロツーリズムしまなみ活動の記録 http://www.cyclo-shimanami.com/about/about05.php

21 住みよい地域づくりのために
※38 群馬県パーソントリップ調査 2015,11
※39 自転車を活用したまちづくりを推進する全国市区町村長の会 https://www.bicyclemayors.jp
※40 Cyclist 「自転車を活用したまちづくりを推進する全国市町村長の会」が設立、全国294の自治体が加入 https://cyclist.sanspo.com/437922
※41 Cyclist 「第1回全国シクロサミット IN 和歌山」開催 自転車に注力の100自治体、約200人が参加 https://cyclist.sanspo.com/460329
※42 ノッてる！えひめ 愛媛の自転車情報ポータルサイト https://www.notteru-ehime.jp

コラム1、3
※43 2019 ADFC-Travelbike Bicycle Travel Analysis https://www.adfc.de/artikel/adfc-radreiseanalyse-2019/
※44 「ドイツのコンパクトシティはなぜ成功するのか」村上敦 学芸出版社 2017,3
※45 2018 ADFC-Travelbike Bicycle Travel Analysis https://www.adfc.de/pressemitteilung/radreiseanalyse-2018-kurzreisen-und-ausfluege-bei-radfahrenden-immer-beliebter/
※46 「欧米先進諸国の自転車政策について（その172）ドイツの自転車政策（その12）」古倉宗治 パーキングプレス 2016,8

コラム2
※47 地図と鉄道のブログ ドイツのサイクリング地図−コンパス社とバイクライン http://homipage.cocolog-nifty.com/map/2016/01/post-304c.html
※48 地図と鉄道のブログ ドイツのサイクリング地図−ADFC公式地図 http://homipage.cocolog-nifty.com/map/2015/12/adfc-858e.html

コラム12
※49 「『一般ドイツ自転車クラブ』の理念と活動」 清水真哉 交通権 2000,17号

おわりに

　私が、自転車利用促進の活動を始めたのは、2000 年になるかならないかの頃。当初は一部の自転車好きが自分たちの権利を主張するだけの活動だと思われがちだったが、やがて全国各地に自転車まちづくり団体が誕生するようになった。この本を作成した輪の国びわ湖推進協議会もその中のひとつだ。そして自転車利用環境の整備を進める自治体が現れ始め、ついには国自体が旗振り役になり、全国で多くの自治体が自転車の活用を進めるまでになった。かつての私の予測を完全に超え、志を同じくする仲間も増え、あれよあれよという間に、自転車活用推進は大きな流れとなってきた。

　また、単に個人的な趣味で日本や世界各地を自転車で回っているうちに、サイクリングとは実は、地域を、そして社会を変える大きな力を持っているということに気がついた。

　本書は、輪の国びわ湖推進協議会設立 10 周年を記念し、これまでの活動の集大成として作成したものだ。輪の国びわ湖がここまで育ってきたのは、前会長の元滋賀県立大学教授 近藤隆二郎先生を始めとして、今は他の地域へ引っ越した人もいるが、これまで一緒に活動してきた仲間の力があってこそだ。そして本書の制作において多くの方に取材対応、内容確認等に時間を割いていただいた。また、学芸出版社の前田裕資さんには本書の構成を始めとして細部までアドバイスをいただいた。皆様に厚く感謝を申し上げる。

　サイクルツーリズム、そして自転車の活用は社会をよりよい方向に変える力として今後さらに大きく広がっていくだろう。本書や輪の国びわ湖推進協議会も微力ながらそのための一助となっていければと願っている。

2019 年 9 月 1 日　藤本芳一

藤本 芳一（ふじもと　よしかず）

輪の国びわ湖推進協議会会長、自転車ライフプロジェクト・精彩工房代表。
自転車マップ作りを中心に、自転車の良さを多くの人に伝え、自転車のファンと適正な利用者を増やしていくための活動を行っている。
これまでに日本全都道府県と海外50ヵ国を自転車で走る。
共著に『ちずたび　びわ湖一周自転車BOOK』『ちずたび　京都と出会う自転車BOOK　市内版』『ちずたび　京都を走る自転車BOOK　ロングライド版』（以上、西日本出版社）など。

輪の国びわ湖推進協議会（わのくにびわこすいしんきょうぎかい）

琵琶湖一周サイクリングをきっかけに、気軽に自転車に親しむ人を増やし、健康的で環境に調和した社会をつくるために、市民の有志を中心にNPOや事業者、行政団体などが集まり、2009年10月に設立した民間の団体。
「移動するときの手段として、自転車と公共交通機関を誰もが優先的に選ぶようになることで、将来に渡ってみんなが幸せに暮らせる社会」の実現に向けて、琵琶湖一周サイクリングおよび自転車の日常利用の促進、ルール・マナー啓発等の活動を行っている。
国土交通省より、2018（平成30）年度（第1回）「自転車活用推進功績者表彰」を受賞。
執筆メンバー：稲永明子、佐々木和之、新野恭平、南井良彦、南村多津恵、横田勝也（五十音順）

サイクルツーリズムの進め方
～自転車でつくる豊かな地域～

2019年10月20日　初版第1刷発行

著　　者………藤本芳一
　　　　　　　輪の国びわ湖推進協議会

発 行 者………前田裕資
発 行 所………株式会社 学芸出版社
　　　　　　　京都市下京区木津屋橋通西洞院東入
　　　　　　　電話 075 - 343 - 0811　〒600 - 8216
　　　　　　　http://www.gakugei-pub.jp/
　　　　　　　E-mail:info@gakugei-pub.jp

編集担当………前田裕資

編集協力………精彩工房
装　　丁………精彩工房
印　　刷………創栄図書印刷
製　　本………新生製本